データの世紀

日本経済新聞
データエコノミー
取材班＝編

日本経済新聞出版社

まえがき

何か途方もなく大きなことが起きつつある。でも何がどう変わっているのか、簡単には説明できない。しょせんは遠い国の話かもしれない。

私たちデータエコノミー取材班も、最初は半信半疑からの出発だった。

連載「データの世紀」は2018年4月に始まった。直前に米SNS（交流サイト）大手のフェイスブックから、大量の個人データが不正流出した問題が発覚していた。その影響がどんどん広がりを見せていたさなかのことだ。

米国や欧州に飛んだ記者から、次々と取材報告が寄せられた。

フェイスブックから流れた個人データは実に8700万人分に及ぶ。渡った先は、選挙指南ビジネスを手がける英政治コンサルティング会社、ケンブリッジ・アナリティカだった。

最新のデータ分析技術を使えば、SNS上の投稿内容や「いいね！」を付ける傾向から、その人の趣味や価値観まで割り出せる。ケンブリッジ・アナリティカは大量に集めた個人データを駆使し、有権者一人ひとりの「心」を動かすような政治広告を展開していた。

技術的には大規模な世論操作すら可能だという。同社幹部は「1人当たり5000もの観点から、個人に働きかけられる」と明かした。トランプ大統領が誕生した2016年の米大統領選挙や、英国の欧州連合（EU）離脱を問う国民投票で暗躍していた疑いも浮上した。

取材班の一人は英下院委員会に呼び出されたケンブリッジ・アナリティカ元社員の証言を聞き、驚いた。「EU離脱投票で、もしその関与がなかったら？」という質問に淡々とこう答えたからだ。「結果は、違っていたかもしれません」

取材班全員の目の色が変わり、取材は一気に進んでいった。

個人のネット上の行動、企業の生産や物流が生み出す膨大なデータ資源は、21世紀の「新たな石油」といわれる。ビッグデータや人工知能（AI）、あらゆるモノがネットにつながる「IoT」といった、ネット社会を支える新技術も猛スピードで進化する。そして私たちの経済や社会に様々な恩恵をもたらす。

その先頭を走るのが「GAFA」と呼ばれる米国のグーグル、アップル、フェイスブック、アマゾン・ドット・コムの巨大IT（情報技術）4社だ。

4社は過去10年で、400社以上もの競合企業を買収してきた。売上高の合計は9倍強に膨れあがり、スウェーデンやベルギーの国内総生産（GDP）をしのぐまでになった。

世界はデータの世紀に入った。

時代は新たな資源とテクノロジーを巡る争奪戦へと移り、それが世界各国の浮沈を左右していく。連載タイトルを「データの世紀」としたのも、そうした変革がとりわけこれからの日本の経済成長に欠かせないとみたからだ。

だが一方で、何かがおかしい。

フェイスブックの情報流出問題で明らかになったように、欧米では個人データを使った世論操作や偽ニュースが蔓延し、民主主義を揺るがしかねないとして議論を巻き起こしている。

ＧＡＦＡの台頭も、便利さだけをもたらしたわけではない。巨大ＩＴ企業に富と情報が集中する「新たな独占」の弊害が目立ってきたとの報告が各地で相次ぐ。

取材班は企業や官公庁、有識者に取材を重ね、連日議論を繰り返した。最先端の事例を追いかけるため、欧米や中国、インド、東南アジアなど世界各地に足を運んで実態を探った。

そうして見えてきたのが、データが私たちにもたらす二面性、光と影だった。便利で豊かなネット社会を生む一方、個人の生活や社会をむしばむ副作用も無視できない。

ならば悪影響を防ぎながら、成長につなげる条件は何か。取材班は解を探り続けた。

取材は容易ではなかった。

「悪く書くなら、取材は受けない」「日本では違法ではない。答える義務はない」

個人データの扱い方を巡って日本企業に取材するたび、繰り返された光景だ。

各社ともデータの新たな活用法や事業計画は雄弁に語る。ところが話題が個人情報を扱う責任や管理体制のあり方に及ぶと、担当者は急に口を閉ざしてしまう。

企業にとっての「不都合な真実」は、地道な取材で掘り起こすほかなかった。

一例が第4章で紹介する「47%の主要企業、明示せず個人データを外部提供」の調査報道だ。日本の主要企業のサイトを独自に分析し、半数近くが共有先を示さないまま、ユーザーのネット閲覧履歴や端末情報などの個人データを外部に渡していたことを明らかにした。

華やかな先端事例を紹介するだけでは、急変するネット社会の全体像をとらえられない。データ経済の波は、すさまじい速度で押し寄せている。

全世界で1年間に生み出されるデータの量は、すでにギガ（10億）の1兆倍を意味する「ゼタ」バイトの規模に達する。米調査会社IDCの予測では、2025年にはさらに163ゼタバイトと2016年比10倍に増える。これは77億人の全人類一人ひとりが、それぞれ1年間に、世界で最も大きい米議会図書館の蔵書に相当するデータを生み出す計算だ。

情報資源は幾何級数的に増殖していく。だがネット空間を飛び交うデータそのものは目に見えない。世界では確かに何かが起きているが、変化をとらえ、理解するのはとても困難だ。耳慣れない専門用語やデジタル広告などの入り組んだ仕組みも、高い壁となって立ちはだかる。

複雑で難解なデータ経済の最新の動きを、どう読み解き、わかりやすく伝えていくか。試行錯誤を続けて、たどり着いたのが「私の視点」から語る手法だった。

日々の仕事や生活を営む一人の人間として、どんな影響を受け、何を感じるのか。誰もが日常で直面する課題を通してデータ経済の影響を描けば、より多くの読者に実感を持って受け止めてもらえるかもしれない。取材班は世界中から一般ユーザーの声をできる限り集め、時には記者が自らを「実験材料」にした体験取材を試みた。一人の記者はグーグルやフェイスブックなどを一切使わない「GAFA断ち3週間、生産性3分の1に」（第1章）に挑んだ。プライバシー保護のために、どこまで便利さを犠牲にできるか、検証するのが目的だ。仕事や私生活に支障をきたした自分の姿を通じ、GAFAの影響の大きさを描いた。

「迫るニセ動画量産、米国が払う『自由の代償』」（やってみた⑦）では、記者と社内の研究員が共同でトランプ米大統領の偽動画を試作した。「ディープフェイク」と呼ばれる技術で、米国では著名な政治家や経営者の偽動画が拡散して問題になっている。

記者らはネット上で公開されている動画生成の技術やノウハウを利用した。誰でも容易に偽動画をつくれる現実が広がる。その危うさを実践的に伝えた。

一連の報道はSNSなどネット上でも大きな反響があり、AI技術者などの専門家、個人情報保護法制や憲法分野の学識経験者らの議論を呼び起こした。報道で明らかになった事実はときに有力企業のデータ活用戦略や、政府の関係当局の判断に影響を及ぼした。

取材班が拾い上げた事実が少しでも、データ経済を成長に生かす処方箋につながるのならば、それにまさる喜びはない。

2018年5月には、EUが世界で最も厳しい一般データ保護規則（GDPR）を施行した。GAFAの規制に慎重だった米国もフェイスブック問題以降、規制強化に転じ始めた。

世界は動いている。日本も遅れるわけにはいかない。

2019年8月、取材班は就活サイト「リクナビ」を運営するリクルートキャリア（東京・千代田）が学生に十分説明しないまま、内定辞退率の予測という重要な個人データを企業に販売していた事実を突き止め、特報した。購入先のリストには、トヨタ自動車や三菱電機など日本を代表する大企業の名がずらりと並んだ。

機械であるＡＩにより、人が仕分けされかねない。そんな時代はすでに始まっている。もはや誰にとっても、遠い国の話ではない。どうすれば健全なネット社会を築き、私たちの日常を便利で豊かにできるのか。まずはリクナビ問題の真相に迫ることから始めたい。

日本経済新聞　データエコノミー取材班

阿部哲也

植松正史

兼松雄一郎

栗原健太

平本信敬

伴正春

寺井浩介

本書は日本経済新聞や日経電子版に掲載した記事を加筆修正のうえ、再構成した。一部は書き下ろした。各章にある「キーワード」は世界のＩＴ業界や関係当局、有識者の間で議論が進む最新トピックを紹介している。「やってみた」のコラムは記者による体験取材の中から、読者の反響が大きかった事例を掲載した。登場人物の役職や年齢などは原則として取材当時のものを使った。

データの世紀——目次

第2章 「私」が奪われる

第3章　採点される人生

第4章　数字が語る

第5章 支配の実像

第6章 混沌の新ルール

第0章 「リクナビ問題」の衝撃

リクルートグループが、就活学生らの個人データを不適切な形で企業に販売していた問題が発覚し、大きな批判を浴びた。リクルートの過ちは、個人や企業のデータを使って新しい富を創出する「データエコノミー」の闇の部分を示した。

1　許されなかった取引

その奇妙なデータ販売の話を最初に耳にしたのは、2019年4月はじめのことだった。

「そういえば先日、リクナビから変わった売り込みがあったんですよ」

人事へのデータ活用というテーマで取材に訪れた東京都内の大手上場企業の本社ビル。ひと通りの取材を終えて雑談を交わす中で、人事担当者がふと口にした。

「就活学生に関するデータで、採用活動に役立つとか。ただしうちは断りました。たとえ合法だと言っても、世間の批判を浴びるかもしれないと思ったので」。合法？　批判？　彼はいったい何の話をしているのだ。

奇妙なデータ販売

気軽な調子で続ける担当者のリラックスした表情とは裏腹に、話を聞くこちらの胸の内には疑問ばかりが浮かんだ。わざわざ「合法だ」と念押ししなくてはいけないデータとは、逆に怪しい。それを買うだけで「世間の批判を浴びるかもしれない」と心配しなければならないというのも、穏やかではない。しかもこれは、日本有数の大企業同士の商談で交わされたやり取りだというのだ。

リクナビは国内でも有数の就職情報サイトだ。毎年80万人以上の就活学生が利用し、リクルートホールディングス傘下のリクルートキャリア（東京・千代田）が運営している。リクルートグループは、日本企業の中でもデータ活用の事業を得意とする存在で知られる。2012年には「人材業界のグーグル」とも言われる米インディードもグループ傘下に収めた。データ巧者の彼らが、怪しげなビジネスに手を染めるとは、にわかには信じがたかった。

一方で、1980年代の「リクルート事件」のイメージも頭をよぎった。彼らにはどこか、利益追求になりふり構わないという印象がつきまとう。創業者の江副浩正氏は、東京大学卒業後の1960年にリクルートの前身となる広告会社を起業。その後、就職情報などの情報誌ビジネスを展開して急成長した。就職に関する学生のデータは、リクルートの原点ともいえる。原点だからこそ大切に扱うのか。それとも再び、大きな不正につながる話なのか。まさか、と思いながらもその後折に触れ、「リクナビのデータ販売」の情報を探った。

辞退予測は500万円

決定的な情報を入手したのは2019年6月も半ばを過ぎたころだった。情報提供者からメールが届いた。「リクナビが持ってきた営業用資料がありました」。添付されていたのは「ビッグデータ／AIを活用した〝採用活動最適化〟のご提案」と題された17ページ分のPDFファ

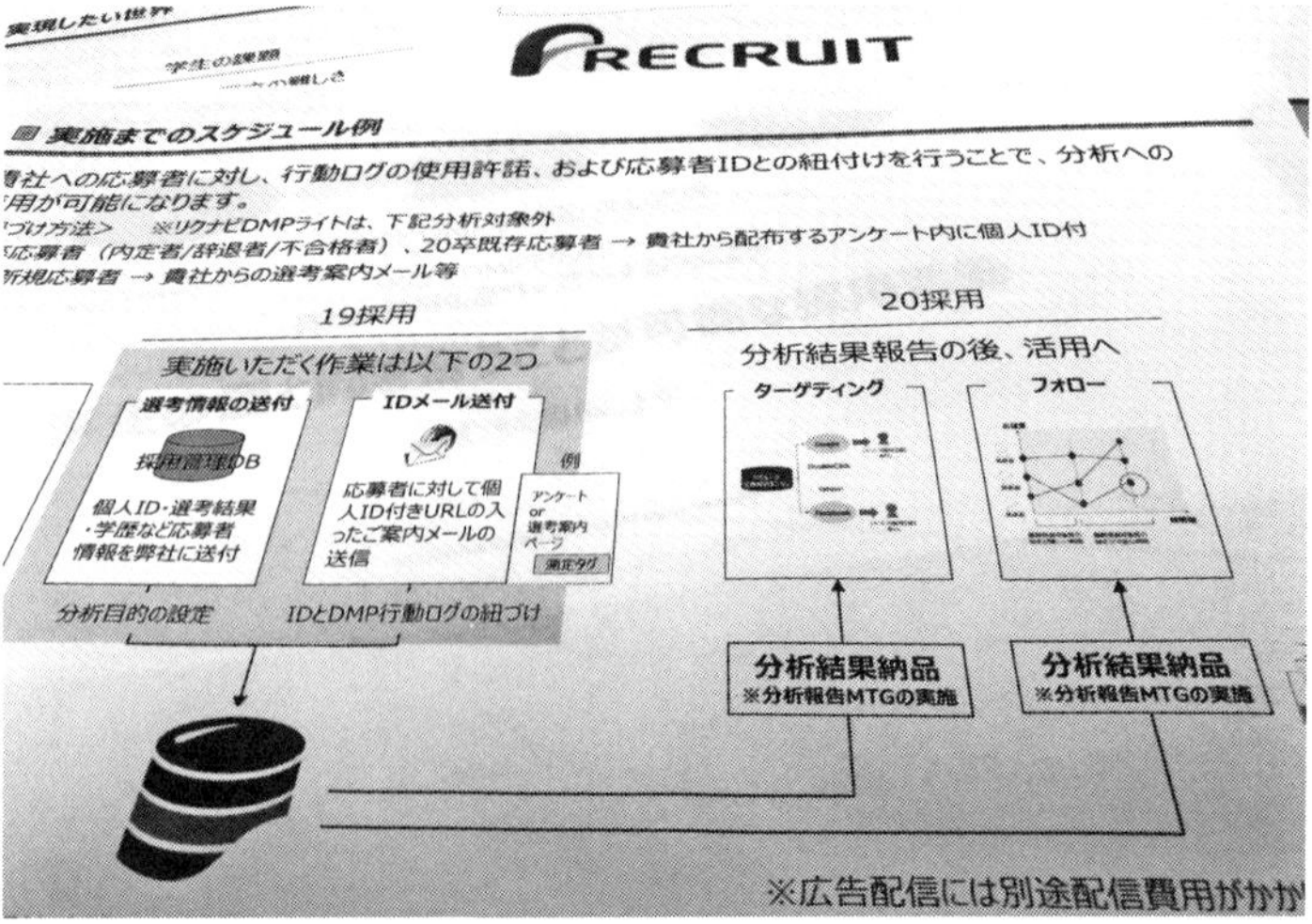

採用企業とリクナビは学生データを共有していた（リクナビの内部資料）

イルだ。

読み込むと、リクルートキャリアが売り込んだ、データ販売ビジネスの概要が把握できた。目玉商品は、就活学生の「内定辞退率」の予測データだった。

リクナビに会員登録した学生について、「採用活動や内定を辞退する可能性」を算出し、各企業に販売する仕組みだ。こうした販売サービスの名称は「リクナビＤＭＰフォロー」といい、他のデータ分析や学生向けのネット広告配信などと合わせ、１社あたり年間４００万～５００万円の利用料で契約していた。

大学生の就職活動は、２０１４年ごろから学生有利の「売り手市場」に突入したといわれる。２社以上から内定をもらったうえで希望する企業以外の入社を断る「内定辞退」が相次ぎ、企業の採用担当者を悩ませる。優秀な人材が思ったように確保できなくなるためだ。

もしそれぞれの学生について辞退する可能性が高いか低いかを予測できるなら、採用活動の効率を高めるための貴重なデータになる。

では、その辞退予想データをどうやってはじき出すのか。

内部資料によると、もとになるのは就活学生によるリクナビ内の閲覧情報だった。多くの学生は、リクナビを通じて様々な企業の説明会や選考の情報を確認する。リクルートキャリアは、その学生が、いつ、どんな企業の情報をどのくらい長く見たかなどの記録を分析。過去の就活学生の傾向と照らし合わせるなどして、AI（人工知能）で辞退率を予想していた。辞退率は主に5段階評価で表していたという。

例えばこうしたケースが予想される。

ある学生がリクナビに登録して、いろいろな企業の情報を集めながら就職活動を進めている。ひとつの大手メーカーに応募し、面接では「ぜひ御社で働かせていただきたいです」とやる気をアピールした。その一方で、実はリクルートキャリアから「彼の辞退予測は5段階中、2番目に高い」などの独自分析を買っていた。学生本人は、そんなデータが企業側に渡っているとは、夢にも思わない。

違法か合法か

少なくとも、倫理的には間違っているのではないか。当初、取材班が持った率直な感想だ。就職情報サイトは、学生の就職活動を応援する立場のはずだ。これはまるで企業に「この学生は、辞退しそうです」とこっそり告げ口をしているようではないか。

一般ユーザーの理解を得るのは、難しいようにみえる。

さらに考えてみる。このデータ販売は、単なる「けしからん」行為にとどまるのだろうか。それとも法令に違反するのか。検証することにした。注目したのは「内定辞退率の販売について、学生本人に十分説明をして同意を取っているかどうか」という点だ。

それぞれの辞退率データは個人の名前に関連付けられているため、個人情報保護法で保護される「個人情報」に該当する。そして同法は個人情報を第三者に提供する場合、本人からの同意取得を義務付けている。

リクナビのサイトで、個人情報の保護方針を示す「プライバシーポリシー」を確認した。全部で23項目。そのうち最後から3番目に「本サービスを利用した場合、個人を特定したうえで個人情報およびクッキーを使用して取得した行動履歴等を分析・集計し、以下の目的で利用することがあります」との項目があった。

クッキーとは、ウェブの閲覧履歴などを示すデータのことを示す。さらに読み進めると、利用目的として「採用活動補助のための利用企業等への情報提供（選考に利用されることはありません）」との記載が続いた。どうやらこれらが、辞退率の販売に対応した説明ということらしい。このプライバシーポリシーには、リクナビに登録した全員が同意している。

だが、これを読んで、「自分の内定辞退率が算出されて、販売されている」と納得できる人が何人いるのだろうか。法的にみてユーザーへの説明として十分なのか。専門家の意見を聞くことにした。

あきれる専門家

「明らかに個人情報保護法に違反しています」。個人情報に詳しい板倉陽一郎弁護士に尋ねると、きっぱりとした答えが返ってきた。板倉弁護士はリクナビのプライバシーポリシーについて「辞退率提供とは到底わからない説明で、長い規約の中にこっそりまぎれこませて同意をとるようなやり方は、問題だ」と批判。「むしろ、このやり方で通用すると判断したことが不思議だ」と、データ管理の甘さに驚きを隠せない様子だった。ＡＩによるデータ分析に関する法的な問題を研究する慶応義塾大学の山本龍彦教授にも聞いてみた。やはり「不確かな分析で辞退率が高いと判断された学生が、選考で不利な扱いを受けかねない。過去に聞いたことがないほどの、ひどい事例だ」と、あきれた表情を浮かべた。

本人の同意を取得する適切な手続きについては、個人情報保護法を所管する政府の個人情報保護委員会が出すガイドラインで一定の基準が示されている。同意手続きの前提として「どん

本人が知らないまま就活学生の「辞退率予測」が提供されていた

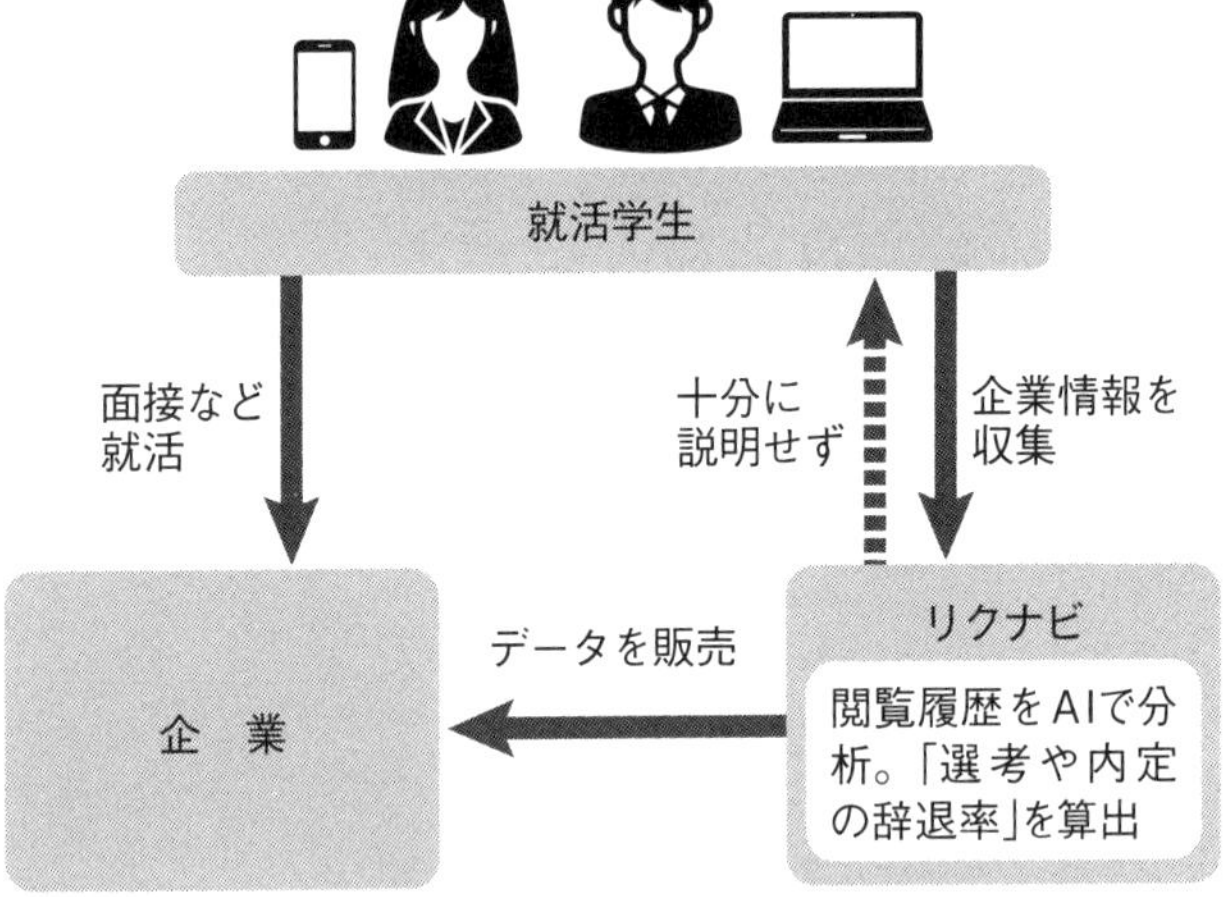

な事業、目的で個人情報が利用されるのか、本人が一般的かつ合理的に想定できる程度に特定」して、利用目的を説明する必要があるとする。ではこの基準に照らすと、リクナビの行為はどう判断されるのか。取材班は2019年6月下旬、同委員会に直接、照会した。

担当企画官は「個別の案件についてはは答えられない」と明言を避けた。だが内定辞退率の算出と販売の仕組みを聞くにつれ、「そんなデータの扱いをしているのか」と驚きの表情に変わった。後に判明したことだが、このときの取材がきっかけとなって約3週間後の7月半ば、同委員会はリクルートキャリアに個人情報保護法違反の疑いを持ち、本格的な調査を始めていた。

際立つ温度差

一方で、当のリクルートキャリアは、自らのデータ販売の問題性をなかなか自覚しなかった。売り込みを断った取引先企業や、個人情報の専門家、個人情報保護委員会などがそろって、倫理的にも法的にも疑念を抱いたのと比べ、温度差が際立った。

7月中旬、担当記者は「リクナビのデータ活用について聞きたい」という名目で、リクルートキャリアを訪れた。同社でサービス開発を担当する大西哲朗プロダクトマネジメント部長と、リクルートキャリア就職みらい研究所の増本全所長が出迎えてくれた。

大西部長らは「我々は、データ活用には力を入れてきました」と胸を張った。むしろ、リクナビを利用する学生のデータを分析し、いかに様々なサービスに応用しているかということを誇るように、熱心な説明を始めた。

リクナビでは、学生の属性や就職希望に合った「お薦め企業」を割り出して個別に紹介したり、逆に企業に対し、その企業風土に合うと推測される学生に直接、勧誘メッセージを送れるようにしたりするなどの取り組みを進めてきたという。

「内定を辞退する確率を独自算出するサービスもありますよね」と聞くと、大西部長は苦笑いを浮かべながら、あっさりと肯定した。「よくご存じですね。試験的にやっています。なかなか精度が出なくて、試行錯誤していますが」

この時点ではまだ事実関係や法律の解釈の取材途中だったため、それ以上の追及は避けた。

だが担当記者の不信感は高まった。「精度が不確かなままのデータを販売していることを、むしろ問題と思わないのか」との思いが消えなかった。

甘すぎた見通し

どうして彼らは、不適切なデータ販売という事の深刻さに気づけなかったのだろうか。元社員らからは、リクナビがここ数年、ライバルの就活情報サイト「マイナビ」との激しい顧客獲得競争にさらされ、社内に利益至上主義の雰囲気が広がっていたという指摘が聞こえてきた。目先の競争への焦りが、顧客重視の目線を曇らせたのかもしれない。

近年、個人情報の取り扱いを巡る世界的な世論の動きやルール整備の流れが、急速に厳しさを増している。「データの世紀」の激しすぎる変化に、リクルート側の意識が追いついていなかった面もある。

2018年には、米フェイスブックが大量の個人データ流出問題を起こし、データの管理責任を巡る強烈な批判の的になって苦しんだ。個人データを雑に扱えば、どんなに強大なIT（情報技術）企業の経営も揺らぎかねない。だが海の向こうの苦い教訓は、リクルートキャリアに生かされた様子はなかった。

暴かれた真相

彼らが、ようやく重い腰を上げたのは2019年7月29日、取材班が辞退率販売に関する質問状を渡してからだった。質問状は、辞退率予測の販売を開始した時期や販売先の企業数、値段などについて尋ねたうえ、「個人情報保護法からみて、説明不足で有効な同意とはいえないのでは」など、手続きの違法性の疑いも指摘した。

質問状を送る約2週間前、リクルートキャリアには個人情報委員会からサービスの違法性を巡る聞き取り調査も入っていた。

同社関係者によると、リクルートキャリアは翌30日に緊急の幹部会議を開催。その場で31日に辞退率データ販売などのサービスを休止すると決めた。31日夜に、担当記者に回答書が手渡された。「表現が不明瞭なことによりご迷惑をおかけしまして申し訳ございません」「よりわかりやすい表現や説明方法を検討し終えるまで、サービスは一時的に休止します」などの文言が並んだ。

8月1日午後6時。日本経済新聞は電子版の「イブニングスクープ」で、「就活生の『辞退予測』情報、説明なく提供　リクナビ」という記事を掲載し、リクナビ問題がはじめて公になった。

記事は販売サービスの詳細や経緯を示したうえ、法的には本人からの同意取得が必要なのにもかかわらず、リクナビ側が十分に説明していなかった点にも言及。個人情報保護法違反の恐れがあるとも指摘した。数時間後に他の新聞社や通信社も電子版などで問題を報じ始め、同日午後9時ごろ、リクルートキャリアが一連の報道の内容を認めるプレスリリースを自社サイトで公開した。リリースでは「採用の合否判定にはデータを使わないと企業に確約していた」と強調。「同意手続きはとっていたが、表現がわかりにくかった点に問題があった」と釈明した。サービスはあくまで「一時休止」するとし、「わかりやすい表現や説明方法を検討する」と、再開に向けた含みを持たせた。

この期に及んでも、彼らの見通しは甘いままだった。

これ以降、二度と、辞退予測データの販売サービスが再開されることはなかった。

2　広がる波紋

自分の「内定辞退率」が、知らないうちに企業側に売られていたかもしれない――。発覚したリクナビ問題は、就職活動をしていた学生や、就職支援を進める大学側に大きな衝撃を与えた。衝撃はやがて大きな不安と激しい怒りに変わり、リクルートグループ全体を追い詰めていった。

苦しむ就活学生たち

「一緒にやめよう」。東京都内の短大2年の男子学生（20）は、2019年8月1日にリクナビが内定辞退率を販売していたという報道が流れた直後、友人とともにリクナビを「退会」した。実は翌年の卒業を控え、まだ就職活動を続けている身だった。引き続き、企業の情報を必要とする場面も少なくない。

しかし、リクナビへの「許せない」という思いが強すぎた。プライバシーポリシーにも目を通したうえで登録したつもりだったから、その分ショックも大きかったという。「辞退率が企業に売られるなんて、まったく想像できなかった。ひどい話だ」と怒りをあらわにした。

「嫌だけど、やめられない」という悲痛な声も上がった。

都内の私立大4年の女子学生（21）は「自分の就活の状況が企業に把握されるリスクがあると思うと、気持ちが悪い」と表情を曇らせた。だが多くの企業の選考申し込みの締め切り日などをまとめて確認できるなど、リクナビには便利な面もある。「就職活動を続ける以上、現実的には使い続けるしかない」と言う。

大学がぶつけた怒り

学生の就職活動を支援する大学関係者にも、衝撃が広がった。

「これはデータの取り扱いというより、人権の問題なんです」

2019年8月9日、東海大学の高輪キャンパス（東京・港）の一室。キャリア就職センター所長を務める水島久光教授が、謝罪に訪れたリクナビの営業担当者に詰め寄った。リクナビ問題が発覚したのは、ちょうど3年生の就職活動が秋から本格化するのに向けて、準備を進めていたさなかのことだった。

大学は例年、リクナビなど就職情報サイトと二人三脚の就活支援を展開してきた。リクナビの担当者を呼んで学生向けのガイダンスを開き、学生にリクナビへの登録も推奨したこともある。問題発覚後、職員からは一転して「裏切られた」との非難が噴出した。

東海大は9月2日、学内サイトで学生・教職員向けに通知を載せた。「当面、リクナビへの登録推奨は行いません。大学で行うガイダンスや講座でリクルートキャリアの協力も仰ぎません」

〝リクナビ外し〟の動きは、全国でみられた。明治大学や中央大学、関西大学、関西学院大学など、首都圏や関西の主要大学が次々と学内の就活イベントへのリクナビの参加や、サイトへの登録推奨を取りやめた。

定まらない釈明

波紋が広がる一方、リクルートキャリアによる釈明の内容は揺れ続けた。

問題が発覚する直前の日本経済新聞への取材には、「個人情報を第三者に提供することについて、プライバシーポリシーで説明し同意を得ている」などと説明。発覚した8月1日の発表でも「各種法令に照らし、サービスの設計や各種規約を整備した」とし、問題はあくまで、説明のわかりにくさにあったとの立場を取った。

そのうえで「よりわかりやすい表現や説明方法を検討し終えるまで、本サービスは一時的に休止する」と、サービス再開の可能性もにじませていた。

ところが、これらの主張はわずか4日後の8月5日に瓦解した。その日、同社の社内調査の結果、辞退率の算出の対象となっていた学生のうち7983人分について、プライバシーポリシーへの同意取得の手続きをとっていなかったことが明らかになったのだ。

これを受け、同社はデータ販売サービスを一時休止ではなく、廃止すると方針転換した。発表文で「学生の皆さまの心情に対する当社の認識欠如こそが、根本的な課題であると認識するに至った」と記載し、同社のサービス方針そのものが甘かったと認めた。

さらに8月26日、個人情報保護委員会から個人情報保護法違反の疑いで勧告と指導を受けると、問題発覚後はじめて会見を開き、不適切なサービスを防ぐためのチェック機能が社内で働かない「ガバナンス不全」に陥っていたとも認めた。

批判が高まるにつれて釈明と謝罪の対象をやむなく広げるような、後手の対応が続いた。

最高益でも株価下落

問題は、親会社のリクルートホールディングス（ＨＤ）など、売上高２兆３０００億円に及ぶグループ全体にも影を落とした。問題発覚当日に３７５０円だったリクルートＨＤの株価はリクナビ問題の発覚翌日から急落し、９月上旬には３１００円台に突入した。同社は８月９日に、過去最高益の四半期決算を発表していたが株価は下げ止まらず、時価総額で一時、１兆円近くが蒸発した。

リクルートキャリアは、リクルートＨＤの中核的な事業子会社だ。他のグループ会社の事業も、不動産や生活関連など分野は多岐にわたるが、個人と企業を情報で結ぶという面では共通する。データの活用のあり方について信頼が揺らげば、影響は大きい。

元社員らによると、「リクナビＤＭＰフォロー」事業の企画が立ち上がったのは２０１６年ごろ。当時を知る元社員は「『倫理的に問題があるのではないか』と反対するエンジニアもいたが、収益拡大という結果を出したい営業担当に押し切られたようだ」と話す。

２０１４年にライバルの就職情報サイト「マイナビ」に掲載企業数で抜かれ、巻き返しに躍起になっていた時期だったという。競争激化でリクナビの存在感が低くなり、めぼしい新規事業もなかった。リクルートグループ内での風当たりが、強まっていた。

そんな苦境でたどり着いたアイデアが、就活学生の内定辞退予測データだったという。結果的には利益追求の焦りの中で、最も大切なユーザーであるはずの学生のデータを「売り物」にしたといえる。今やその代償が、会社の経営が揺らぐほどの規模で降りかかっていた。

買い手の責任

内定辞退率のデータ購入を契約していた企業は38社に上った。どんな企業が買っていたのか。リクルートキャリアは当初、それらの企業名を非公表としていたが、2019年8月9日にホンダがデータ購入の事実を認めると、購入企業側が自主的に発表する流れが生まれた。トヨタ自動車や京セラ、三菱電機など8月末までに計26社が名乗り出た。日本を代表する大企業ばかりだった。どの企業も「採用の合否にはデータは使っていない」と口をそろえた。

8月19日には、リクルートキャリア自身と親会社のリクルートHDも、辞退率データを利用していたことが明らかになった。ある購入企業の担当者は「客が白状した後で、のこのこ出てくるなんて、ばかにしている」と憤った。

購入した企業にも、問題があるのではないかという指摘が、個人情報や労働法制に詳しい法律家から上がり始めた。各企業は単に、データを買っていただけではなかったからだ。内定辞退率の分析に使うため、企業は事前に自社が持つ応募学生の個人情報や過去応募した学生の選考結果をリクナビに渡していた。本人への同意など適正な手続きを踏んでいなければ、個人情報保護法違反にあたる可能性がある。

また同様に、適正な手続きを踏んでいなかった場合は、職業安定法違反となる恐れも指摘された。同法も個人情報の適正な扱いを求めているうえ、採用への応募者の個人情報を第三者から取得するには、本人の同意を得なければならないと定めるためだ。

データを購入した企業は、そのデータを丁寧に扱っていたのだろうか。本当に採用に使っていなかったのかが、重要なポイントだった。

「だまされた気分だ」

ある技術者派遣企業の人事担当者が、思わずぼやいた。「契約前には『法律的な問題はないから安心して』と言われたのに、リクルート側にだまされた気分だ」。辞退率データの購入を始めたのは2019年春から。毎年数百人規模の採用を行っていたが、会社の知名度は低く、選考途中で辞退する学生が多いのが悩みの種だった。「辞退率が低い」と判定された学生に、リクルーターの社員が優先的に連絡をとれば効率的に学生を引き留めることができるという目算だったという。

人事担当者は辞退率を確認できるのはリクルーターだけで、選考に関わる社員は見られないようにしていた。本当に合否には使っていないし、目標の人数を確保するのが大変で、落とす目的で使うほどの余裕はない」と強調する。

一方で、完全に採用の合否に影響していないと言い切れるのか、難しいケースもあった。

あるメーカーの担当者は、「合否には使っていない。だが面接の順番を決める際の材料のひとつとして、購入した辞退率データを利用した」と打ち明けた。面接の順番が先か後かは、本当に合否に無関係なのか。重ねて尋ねると「あくまで一般論だが」と前置きしたうえで、担当者は続けた。「採用したい学生は、早いうちに会っておいた方がいい」。

つまり、データが合否判断に間接的に影響を及ぼす可能性があるのではないか。その疑問をリクルートキャリアに問い合わせると、「一般論として、連絡する順番を決めるといった利用方法は、想定しているフォローの利用方法の一部」とだけ答えた。

消えない不信

リクルートキャリアは問題発覚から3週間後の8月22日、学生が自分のデータが販売されていたかどうか調べられる特設ページを開設したと明らかにした。データの販売対象になった学生に謝罪のメールも送ったが、浸透した不信感をぬぐい去るにはほど遠い状況が続いた。「私の人生が左右されたとしたら、やりきれない。彼らは『誠意をもって対応する』と言いながら、返信も遅い。学生をなめているとしか思えない」

都内の国立大に通う4年生の女子学生（23）は8月末、リクナビから届いたお詫びメールを受け取り、目を疑った。書かれていたのは、「あなたは『リクナビDMPフォロー』サービスの対象に含まれておりました」という内容と、謝罪の言葉。徐々に怒りがわいてきた。

彼女の就職活動は、全く思うように進まなかった。

3年生の夏にリクナビを含めていくつかの就活サイトに登録。海外で働けそうなメーカーを中心にエントリーしたが、面接にすら呼ばれないこともあった。自信を失い、大学のキャリアセンターに相談に行ったが、センターの職員は「成績も悪くないし、留学経験もある。海外展開をめざす企業としては会いたい人材なはず」と首をかしげるばかりだった。

5月には併願していた国家公務員試験に落ちた。志望業界を広げ、ようやく8月にIT企業から内定を得たものの、「当初やりたかったこととは違う」と入社を決めかねていた。

自分の辞退率が販売されていたと知ってから、次々と疑念がわいてきた。リクナビには「国家公務員が第1志望」とプロフィルで登録していた。この情報をもとに辞退率予測が高く算出され、選考で不利に働いたかもしれない。そういえば、リクルートが運営する適性検査を使う企業では、全て面接に進むことができなかった。

疑い出したらきりがなかった。彼女は自分のデータの開示をリクナビに請求することにした。サイト内の問い合わせページを通じ、「私の辞退率はどれくらいで、どこの企業に売られていたのか、教えてほしい」と求めると、2週間後の9月12日にメールで回答が届いた。

回答メールには、22件のPDFファイルが添付されていた。ひとつひとつ開くと、自分のデータが、トヨタ自動車と中古車販売のビッグモーター（東京・港）の2社に提供されていたことがわかった。

ところが、そのデータが何を意味するのかが全然、わからない。

彼女の「個人ＩＤ」の横には、「０・２６８５７１４９」といった数字と、「カテゴリ４」や「★★★」などの説明書きや記号がずらりと並んでいた。それぞれ内定辞退率の指標と、その段階別の評価を示しているのだろうと想像はついたが、詳しい説明はなかった。他の学生より辞退率が高いとされたのか、低いと評価されたのかも判然としない。リクルートキャリアによると、数字や★の数の意味についての解説は「開示対象外の事項で、答えられない」という。

そもそもデータが渡っていた２社のうち、彼女はビッグモーターに採用選考の申し込みをした覚えはなかった。リクナビ主催の就活イベントでビッグモーターの社員に勧誘され、就活情報の提供を受けるための用紙に氏名とメールアドレスを書いただけのはずだった。それなのに自分の内定辞退率が売られていた。

個人情報は開示されたが、彼女の不信感はますます深まった。「学生が自分から請求をしない限り、データ提供先の企業名がわからないのはあまりに不親切だと思う。開示請求をしても、リクナビもデータを買っていた企業も学生のために積極的に説明をしようとしない。そんな状態で『合否に使ってない』と言われても、とても信じられない」

３　動き始めた政府

リクナビ問題は、政府も動かした。

最初に声を挙げたのは文部科学省だ。柴山昌彦文科相は2019年8月2日の閣議後記者会見で「就職活動に極めて大きな影響を持つ情報が提供されていたことは、学生も予想外だったと思う」と指摘。「しっかり事実関係を精査したい」と語った。

同日中に、東京労働局も調査を始めていた。

いらだつ経産省

その頃、経済産業省内ではいら立ちが広がっていた。「最悪のタイミングだ」。職員の一人は唇をかんだ。政府は20カ国・地域首脳会議（G20サミット）で「信頼ある自由なデータ流通」を提唱したが、リクナビ問題が発覚したのは、経産省がこの構想を後押しするデータ活用事例集の公表準備を進めているさなかだったからだ。

利用企業側の責任にも言及したのは厚生労働省だ。根本匠厚生労働相は8月8日の記者会見で「事案の全体像を含めて詳細を確認した上で必要な対応を行うことになる」「違反が認められる場合には厳正に指導を行う」と話した。根本厚労相は、データの購入企業について、一般論としながら「職業安定法で個人情報の適切な対応が求められている。労働者を募集する企業に違反が認められれば厳正に指導などをする」と話した。

利用企業側の責任については、個人情報保護委員会も同日、取材班に対して「厚労省と連携しながら事実関係を確認していく」と話した。

購入企業の責任について、2つの焦点が浮かんだ。ひとつは内定辞退率の予測データを買ったこと自体が、職安法に抵触する恐れだ。職安法の指針では、労働者の募集をする企業などが個人情報を第三者から取得することを原則的に禁じ、収集する場合は同意が必要だ。違反すれば、勧告や命令の対象になる可能性がある。

企業法務に詳しい影島広泰弁護士は「労働者を募集する企業が、前職への照会や身辺調査をする場合は本人の同意を取らせるための規定だ」と指摘する。

各企業は辞退率予測を買っただけでなく、自社が持つ就活生のデータをリクナビの分析用として提供もしていた。この分析用のデータ提供が、もうひとつの焦点だ。本人の同意がない個人情報の外部提供とみなされれば、個人情報保護法に違反している恐れが出てくる。

リクナビは「各社からは業務委託でデータを受け取っていた」と説明した。委託なら、本人の同意が不要となる。ただ、労働法制に詳しい倉重公太朗弁護士は「契約の趣旨や内容と実態を比べて、委託内容を超えていたとみなされれば違反となる可能性がある」と指摘した。

個人情報保護委員会の初勧告

調査を経て、次の一手に最初に動いたのは個人情報保護委員会だった。8月26日夕、緊急の記者会見を開き、リクルートキャリアに是正を求める勧告を出したことを公表した。情報の管理がずさんで修正する体制がなかったと判断し、個人情報を扱う適切な体制整備を求める内容だった。同委員会が勧告を出すのは発足以来、初めてのことだった。

松本秀一参事官は「就職活動に関わる情報は学生の人生を左右しうるため取り扱う企業の責任は重い。同社は権利保護の認識が甘かった」と話した。約８０００人から同意を得ずに顧客企業に個人情報を販売したことに加えて、委員会から指摘を受けるまで状況を放置していた管理体制の不備を指摘した。

８０００人以外に関しても問題視した。形式的な同意手続きはあったものの本人への利用目的などの説明が実質的に不足したまま個人情報を外部に提供していたとして「指導」の対象とした。違反が明らかな場合に是正を求める「勧告」とは違い、通常は「指導」は公表の対象とはならない。だが同委員会は「社会への影響が大きい」として公表に踏み切った。

個人情報保護法の指針の下、同委員会は「本人が同意の判断をおこなうために必要と考えられる適切な内容を明確に示さなければならない」としている。だが「リクルートキャリアの記載内容は、説明が明確であるとは認め難い」と指摘した。リクナビはプライバシーポリシーに「採用活動補助のための利用企業等への情報提供」と記載して、学生から同意を得たとしていた。松本秀一参事官は「この説明で企業に内定辞退率が渡されるとは到底理解できないのではないか」と指摘した。

ただ、個人情報保護委はこの時点で利用していた企業側への調査を終えていなかった。「就活は進行中で学生への影響が大きい。少しでも早く指導と勧告をしたいと思った」と個人情報保護委の幹部は打ち明ける。

遅すぎた記者会見

個人情報保護委員会の会見が終わる頃、報道陣の下に、リクルートキャリアからメールで突然の連絡が入った。

「緊急で記者会見を行わせていただきます」。19時30分から東京都内の貸会議室で開くという。同社がこの問題について公の場で直接説明するのははじめてのことだ。すでに取材班が報じてから25日が過ぎていた。

会見に出席したのは小林大三社長と浅野和之・執行役員だ。ネットで生中継された記者会見の冒頭、小林社長は「学生や企業など多くの方々にご迷惑をお掛けし、申し訳ない」と謝罪し、リクナビなどの新卒事業が「事業存続の危機にある」と話した。

配布された資料の中では内定辞退の算出対象となった学生が約7万4878人に上ることを初めて明らかにした。7万人は内定辞退情報を算出されていることに納得しているのか取材班が問うと浅野氏は「個人情報保護委員会からも指導を受け申し訳なく思っている。同意が取れていたかは大きな問題だが、加えて理解できるものになっていなかったというのは反省すべき点でおわびをしたい」と述べた。

利用企業での内定辞退率の使われ方については「合否の判定に使わない契約だった」と強調

した。だが実態を問われると「(合否判定に使われた)可能性がなかったとまでは言い切れない」と、言いよどむ場面もあった。歯切れの悪い回答が続き、質問する記者にはしらけた雰囲気が広がった。

プラットフォーマー規制に一石

公正取引委員会が検討を進めていた「プラットフォーマー規制」のあり方にも、一石が投じられた。プラットフォーマーとは、米グーグルやアマゾン・ドット・コムなどに代表される、大手IT企業のことを示す。ネットを通じて生活に不可欠なサービスを提供する一方で、他のサービスへの乗り換えが難しくなる。個人のデータの行きすぎた収集や取引先との偏った力関係が問題視され、各国で規制の動きが進んでいる。日本でも公取委が検討しており、8月29日に指針案が公表された。

指針案では、情報量や交渉力で強い立場にあるIT企業が個人のデータを吸い上げる行為について「独占禁止法上の問題が生じる」と明記。個人の利益を損なわないよう監視を強める狙いを込めた。

指針案では個人情報の取得や利用で法律違反の恐れがある例を大きく4つに分類した。①安全管理が不十分、②利用目的をはっきり知らせない、③規約にないデータの収集・第三者への提供、④サービスの対価以上に提供を強いる――などが違反にあたると整理した。

リクナビは当初、代表的なプラットフォーマーとみなされていなかった。だが就職活動でリクナビを手放せない大学生も多く「就活のために学生がリクナビの規約に同意せざるを得ないなら優越的地位に該当しうる」(平山賢太郎弁護士)との見方は増えた。政府内からも、「今回の指針を素直に読むとリクナビが規制の対象になると読める。何とも絶妙なタイミングで、問題が起きた」との声があがった。

指針案発表の3日前のリクルートキャリアの会見では、取材班は小林社長に「プラットフォーマーとしての認識はあるか」と質問した。小林社長は、「リクナビを使わないと就活できないために、どんな同意であっても応じなければいけないという状況があったとしたら、いけないことだ。学生が各機能を使うか使わないか選べるようにし、(特定の機能を)選ばなくても共通機能の恩恵は受けられるようにしないとよくない。この観点は今後も大事にしたい」との考えを示した。

公正取引委員会の山田昭典事務総長にも9月4日の記者会見で、「リクナビはプラットフォーマーか」と、取材班は聞いた。山田事務総長は「個々の企業がプラットフォーマーにあたるかはコメントを控える」としつつ、「消費者といろいろな特性を備えた主体との間の取り引きは関心を持って見ていきたい」と述べた。「データを集めて事業に利用することが広く行われるようになる中で、データの取り扱いが競争上の問題にもなり得るということは、今回公表したガイドラインの案の中でも示している」とも強調した。

踏み込んだ厚労省

9月6日には、厚生労働省が、リクルートキャリアに対し職業安定法に基づく行政指導を行った。就活生本人の同意の有無に関係なく、個人情報をもとに算出した内定辞退率を販売する事業そのものが同法に違反すると判断した。個人情報保護委員会の勧告・指導よりも、さらに厳しい立場を示したといえる。

根本匠厚労相は記者会見で「人材サービス業界全体が原点に立ち返り事業に取り組んでいただきたい」と話した。同省は求人情報を扱う業界団体にも、個人情報の適正管理を要請した。

厚労省は行政指導の中で「主な就活サイトはリクナビなど2～3種類に限られ、辞退率の利用に同意しなければ就活が実質的にできなかった」と指摘した。今回の辞退率予測の販売が、就活生から同意を得ていたかどうかに関係なく、職安法が禁じる「特別な理由のない個人情報の外部提供」に当たると認定した。

指導・要請のポイントは3つだった。

1つは、内定辞退情報の提供は、本人の同意があれば大丈夫ということではない。同意を余儀なくすることは許されず、目的と内容を具体的に示さなければならないということ。

2つ目は、収集した個人情報を（内定辞退情報のような形で）選別・加工することは、「募集情報等提供事業者」としてサービスを提供するリクナビには認められないという点だ。そうした行為は職業紹介事業にあたり、より規制の厳しい「紹介事業者」の許可が必要とした。

3つ目は、個人情報保護委員会が指導や勧告の対象としなかった、リクナビが2018年に行っていたデータ販売サービスも指導対象としたことだ。2019年のデータ販売と違い、本人の氏名などに直接ひも付けない形でデータをやり取りしていたが、「容易に照合・識別できれば個人情報にあたる」と判断した。つまり、どんな形でデータをやり取りしても、実質的に本人が特定できるのであれば規制対象になるという姿勢を示した。

個人データを取り扱う企業の責任が、厳しく問われることになった。

4 萎縮を超えて

2019年9月9日、東京都千代田区の一橋講堂で、鈴木正朝・新潟大学教授が約500人の聴衆に呼びかけていた。「リクナビ問題は1社2社ではなく、業界全体の問題だ。違法状態は直されなくてはならない」。リクナビ問題をテーマとして開かれた緊急のシンポジウム。8月にイベント告知が始まると応募が殺到し、当初予定していた会場を変更するほどだった。個人情報保護法や労働法、独占禁止法など各分野の専門家が集まり、それぞれの観点から主張を展開した。産業技術総合研究所の高木浩光・主任研究員は2020年に予定される個人情報保護法改正に向けた私案を公表した。リクナビ問題に対応できるよう、新たに「データによる人間の選別」を規制対象に組み込むことを提案した。

Ｓｕｉｃａの教訓

データの活用を推進しつつも、プライバシー保護はおろそかにできない。言うのは簡単だが、両者のバランスを取るのは簡単ではない。そこで教訓にすべきなのは、２０１３年に発生した「Ｓｕｉｃａ問題」だ。

Ｓｕｉｃａ問題とは、ＪＲ東日本が発行する同名のＩＣ乗車券が蓄積する乗降データを外部販売しようと試みたところ、消費者や一部の専門家から批判が起こり、サービスの停止に追い込まれた出来事を指す。

経緯はこうだ。ＪＲ東は同年7月から、Ｓｕｉｃａに蓄積される乗降データを日立製作所に提供し始めた。日立がこのデータを解析し、駅周辺の出店計画や広告戦略などのマーケティング用に販売する手はずだった。

両社にとって誤算だったのが、この取り組みが明るみに出た直後から大きな反発に直面したことだ。氏名や電話番号などの情報を削除してプライバシーに配慮したつもりだったというが、他の情報と組み合わせれば個人が特定できるとの懸念が広がった。「本当に個人が特定されないのか」「周知不足ではないか」。消費者からの問い合わせがＪＲ東に相次いだ。同社はデータ提供を停止し、日立に提供済みだったデータも抹消した。

２０１３年9月には堀部政男・一橋大学名誉教授を座長に有識者会議を設け、8回にわたり議論を重ねた。２０１５年10月に発表した報告書は「（ＪＲ東が）事前に十分な説明や周知を行わなかったことなど、利用者への配慮が不足していた」と結論づける一方で、この問題自体が「シロかクロか」の評価を下すことは避けた。

政府も対応を余儀なくされた。2017年に全面施行された改正個人情報保護法は新たに「匿名加工情報」という概念を設け、個人を識別できないよう加工したデータは本人の同意なく流通できるようにした。Suica問題で批判的に注目された「匿名化」に一定の基準を設けることで、この問題がデータ活用全体を滞らせないようにする狙いだった。

一方、国立情報学研究所の佐藤一郎教授はこう振り返る。「Suicaは細かい単位でデータを記録しており、改札前にカメラを置けば持ち主の特定も可能だ。細かい粒度のデータを第三者に同意なく渡すのは、当時の法律に照らしても問題があった」。佐藤氏はさらに続ける。「それなのに、有識者会議や国は白黒の判断を下さず、グレーのままにした。どう解決したらいいのか議論が煮詰まらないまま、多くの企業がデータ活用そのものに萎縮した」

世界的にデータエコノミーが進展するなか、日本企業だけがデータ活用に二の足を踏めば世界から取り残されかねない。「炎上」リスクを恐れずに、利用者への説明や個人情報保護を徹底することで「先手」を打つ——。そんな試行錯誤が大企業を中心に進んできている。

不安解消の挑戦

「すみません、『顔』で支払えますか?」。夏休みの家族連れでにぎわう和歌山県白浜町の海鮮市場「フィッシャーマンズ・ワーフ白浜」。土産物を持った観光客がレジ横のカメラをのぞくと約3秒で支払いを終えた。登録した顔データとクレジットカードを連携させ「顔パス」で決済する実証実験だ。

顔認証で世界的な技術を持つNECが2019年1月から、地元の飲食店などと進める。浴衣や水着を着た観光客が財布やスマホを持たずに街を歩ける。目指すのは「キャッシュレス」のさらに先を行く「手ぶら決済」の世界だ。

データ収集に対する人々の不安をどう解消するかも実験の一環だ。同意を得て取得した顔データは「実験終了後すぐ消去する」(NECの桑原智宏マネージャー)。カメラに映る登録者以外の顔も年代や性別などの「属性データ」に自動変換し、もとの画像は残さない。

「顔データを扱うのはプライバシー保護上、非常にハードルが高い」。NEC自身も認める。それでもデータの提供を上回る利便性を実現できれば、一般市民の理解も広がるとみる。

携帯電話の基地局を通じて、約8000万端末の位置情報を抱えるNTTドコモ。同社は2019年12月に、利用者が個人データの第三者への提供に関する同意状況を確認したり、範囲を設定したりできるサイトを設けると決めた。提供したくない情報の種類や、提供相手の範囲を自由に変更できるようにする方針だ。

既存サービスに比べて、どのような情報がどう使われているかをわかりやすくし、同意に関する設定も簡単に変更できるようにするという。情報管理レベルは以前と変わらないが、わかりやすさと操作性を改善する。

ＮＴＴドコモは「これまでも法令に沿い個人情報を管理してきた」としているが、今回の仕様変更はヤフーの「信用スコア」やリクナビ問題で利用者のプライバシー保護を巡って利用者から批判が相次いだことが背景にある。ＮＴＴドコモは位置情報と購買履歴などを組み合わせたデータを、少なくとも十数社に販売してきた。データ連携にさらに本腰を入れる前に、個人データの保護で足場を固める狙いとみられる。

プライバシー重視の波

欧米に目を向けると、技術やサービスの設計段階からデータ保護を重視する「プライバシー・バイ・デザイン」という考えが脚光を浴びる。環境保護などに続き、企業の信頼や利益に直結する経営課題になりつつあるからだ。

データ活用で世界をけん引してきたＧＡＦＡ（米グーグル、アップル、フェイスブック、アマゾン・ドット・コム）でも戦略転換の流れが顕著だ。アップルは2019年8月、スマホなどで使う音声アシスタント「Ｓｉｒｉ（シリ）」の会話内容の分析を休止した。

音声認識の精度を上げるため会話の一部を人間が分析していたが、ユーザーのプライバシーが侵害されると指摘された。その後、音声データの分析には事前に同意を求めるなど、利用者保護を強化する準備に入った。

フェイスブックのマーク・ザッカーバーグ最高経営責任者（CEO）は2019年3月、「プライバシーに特化したプラットフォームを作る」と宣言。2018年3月に発覚し、最大8700万人の利用者情報が流出した「ケンブリッジ・アナリティカ」事件で失った信頼の回復を目指す。

中国は国家主導のデータ収集で独自のデータエコノミーを広げる。日米欧もデータ技術の革新で成長を目指すが、個人の尊重は譲れない。企業は個人情報を利益にかえるビジネスモデルに頼らず、有料でも魅力的なサービスを提供する道も探っている。

一人ひとりのプライバシーを守りながら、便利なテクノロジーを生み出していく。それがデータの世紀の競争力をつくる第一歩となる。リクナビ問題を負の歴史のまま終わらせるのではなく、日本企業のデータ活用のレベルを上げるきっかけにしなければならない。

第1章 世界が実験室

次々と生まれるイノベーションがデータ資源の使い道や価値を問い直す。世界はさながら巨大な実験室だ。私たちはついていけるのか。4人の記者が実体験し、確かめた。

1　ワタシVSアルゴリズム

他人に決めつけられるのがずっと嫌いだった。「あなたは内向的だから、パーティーに呼んでも来ないでしょ?」「君は関西人だから、納豆が嫌いでしょう」。いや、あなたは私の何を知っているんだ。一人の人間として尊重してくれ。そう思いながら29年間、生きてきた。

だからここ2週間ほど、ふと自分の運勢を調べている自分に気づいて恥ずかしさを覚えた。生年月日をもとにその日の運勢や人との相性まで決められるなんて、これまでの私の考え方とは全く相反するものだったからだ。

「2019年、ついに運命の人に出会えます!」。とはいえ、このときもタブレット端末に表示された有名占師、ゲッターズ飯田さんの広告に指を近づけていた。その瞬間、ふと固まった。えっ、何でこの端末に出てくるのよ。

共用端末に広告

個人の趣味や嗜好を狙い撃ちする「ターゲティング広告」の存在は知っていた。もともと占いのサイトにアクセスした私のスマホに、占い関連の広告が届くのは当然だろう。でも妻と一緒に使っているタブレットでは、閲覧も検索もしたことがない。自分の趣味が利用履歴に反映されないよう注意しているからだ。それなのにまるで私を追跡するように同じ広告が表示される。謎。もはや怖い。

「ねえ、なんで恋愛運を調べてるのかな」。妻の冷たい目線が頭をよぎる。まさか深夜にこっそり楽しんでいたアニメやゲームの広告まで、タブレットに出てないよね。夜のネットライフの危機だ。

「どうしてタブレット端末でも表示されるんですか。配信の仕組みを教えてください」。2019年6月上旬、「ゲッターーズ」のサイトを運営するCAM（東京・渋谷）に取材を申し込んだ。サイバーエージェントの傘下企業だ。何としてでも解明してやろう。でなきゃ安心して家のタブレットを使えない。だが2日後に届いた返事は、あまりにもそっけなかった。

「広告配信のアルゴリズムやロジックは回答しかねる」。なんやそれ。ならプランBだ。

次に訪ねたのは東京都千代田区の三井物産本社。2017年から米IT（情報技術）企業、ドローブリッジの代理店をしていると聞いた。ネット上の住所であるIPアドレスや閲覧情報から、同一人物が使う複数の端末データを統合する技術を持つという。

これを活用すれば、昼は主にパソコン、夜はスマホしか使わない人にも同じ広告を効率良く配信できる。CAMがこの技術を使って私のスマホとタブレットをひも付けたのではないだろうか。

怖くなって、再度問い合わせてみた。ＣＡＭは「直接、ドローブリッジとは取引はありません」と否定しつつ、「弊社が提携する他のネット広告会社がどんな技術を使っているのかまでは、把握できない」という。わかりにくい。

ネット広告が配信されるまでの過程は、多数の企業が複雑に関与する仕組みになっている。誰がどんな技術を使って「狙い撃ち」をしているのかは、広告主であるＣＡＭでさえわからないというのだ。無責任ではないかと、あぜんとした思いがこみ上げた。

そうこうする間にも文言を変えたり、他のブログ記事に紛れ込ませたりと、様々な占いの広告が毎日のように私に働きかけてくる。「興味ない」といいながらも、つい指が伸びてしまうこともあるので、効果を認めざるを得ない。

知り合いのＩＴスタートアップ「ID Cruise」（東京・渋谷）の山内大輔・最高経営責任者（ＣＥＯ）が教えてくれた。「残念ながら政治などに悪用されかねない例も含め、心まで動かせる技術が登場しています」

実は、私が「興味がなかった」はずの占いを気になり出したのは、山内さんが開発する新技術を試したのがきっかけだった。ツイッターに書き込んだ投稿内容などから、人工知能（ＡＩ）が私の深層心理を解析。「好きになりそうな分野」として、占いが浮かんだのだ。

占いなんて非合理的だ。そう思っていたけど、気づけば運勢確認が毎日の習慣になっていた。スマホに閲覧履歴がたまり、それが新たな広告を引き寄せる。そんなループの中で私自身が少しずつ変わっていったのかもしれない。

使いこなす道も

結局どの企業がどんな風に、私を操ろうとしたのかは完全に解明できなかった。驚いたのは「私の個人情報をどう使っているのか、開示してくださいよ」と尋ね歩いた全ての広告会社が一斉に口を閉ざしたことだ。

確かに現在の個人情報保護法では、ネットの閲覧履歴や位置情報だけで個人を容易に特定できなければ、「個人情報」に当たらない。だから企業にどう使っているかを聞いても、彼らには開示義務がない。

個人情報じゃなければ、何をしてもよいいって訳じゃないでしょうに。ルール見直しで望まない個人データの利用を断れる「使わせない権利」が導入される予定だけど、それも2020年以降に法改正が実現した後の話だ。

「広告配信の仕組みを知られること自体が炎上リスクなんです」。サイバーエージェントの広報担当者が、申し訳なさそうにつぶやいた。いやいや、個人にとっては「何もわからない」ことがリスクなんですよ？

もちろんネットの追跡網はうまく使えば、格段の便利さをもたらしてくれる。知りたいときに知りたいニュースを教えてくれたり、欲しいときにお薦め商品を届けてくれたり。そんな

「AI執事」も夢ではない。でもそれはもう少し先だろう。

「30歳。そろそろ転職?」。この記事を書きながらも、ありがた迷惑な広告が私の元に届く。惜しい、あと2週間は20代だよ。またどこかの誰かさんが私を操作しようとしてる。考えたらキリがない。まずはともに生きていくまでだ。

「偏見の部屋」を出られるか

私は関西生まれで米国育ち。いつも関心を持って米政治動向を眺めているが、個人的には大統領のトランプさんがずっと好きになれない。いや好きでなかった、というべきか。

SNS（交流サイト）のツイッター上で自分を材料に実験を始めてから、少し見方が変わってきた。

実験の目的は「エコーチェンバー（共鳴室）現象」を確認することだ。名古屋大学講師の笹原和俊さんに協力を頼んだ。そもそもエコーチェンバーとは何なのか。SNSで自分と似た意見を持つ人とつながる。すると次々と同じ意見が跳ね返ってきて、他の意見は目に入らなくなる。ますますその考えに固執してしまうという現象だ。

これが怖いのは、社会に根付いた偏見を増幅しかねないからだ。最近もインドの誘拐犯を巡る暴動、ミャンマーでのイスラム系少数民族への迫害といった騒動が相次ぐ。いずれもSNSが起点になった。

変えられた政治観

こうした現象は防げるのだろうか。まずツイッター上で、私と考えが近い民主党議員や関係団体300アカウントを一気にフォローした。それから1日15から20ずつ、親トランプさんの共和党系と入れ替えていく。潮目が変わったのは4日目だ。

「民主党はいつも批判ばかりだが、彼らは何も達成していない！」。スマートフォンでツイッターを開くとまず間違いなく、トランプさんの発言が目に飛び込んでくる。安直だけど、小気味いい。かわいくも見えてくる……。

数では民主党議員がまだ圧倒的。なのにトランプさんの投稿がやけに目立つようになった。ツイッターのAIがリツイート（転載）や「いいね！」の多い投稿を分析し、表示順序を入れ替えているからだ。

実験開始から1週間。結果が出た。最初にフォローした300人のうち、たった30人を入れ替えただけで受け取る情報の多様性は一気に高まっていた。例えばトランプさんが何かと関係の近さをアピールする米陸軍。2019年6月14日に創設244周年を迎えたが、タイムラインに登場する「244」という単語の数が3・4倍に増えた。トランプさんが主導するメキシコ、カナダとの新たな貿易協定「USMCA」は3倍だ。

「ほんの少し考えが異なる人とつながるだけで、情報のタコツボ化を防げます」と笹原先生。なるほど、でも別の課題も見えてきたという。

「他の意見にオープンになろうとすれば、かえって操作される危険性もあります」。操りたい側はまず女性活用など賛同を得やすい話題でフォロワーを集める。それから日々発信する情報に少しずつ誘導したい「本音」を織り交ぜていく。「ＳＮＳを悪用すればこうした心理操作も可能です」

北大西洋条約機構（ＮＡＴＯ）の調査によると、偽のＳＮＳアカウントや「いいね！」を使った世論操作は数十円から可能という。私たちが大事にしてきた民主主義とは、そんなに安いものなのか。自分の責任を痛感する実験結果でもあった。

【キーワード】

AIと個人

AIが人を仕分けし、人を裁く。そんな世界が現実になろうとしている。もしその判断に偏見や差別が含まれていたらどうなるか。弊害を防ぐルールづくりの動きが広がっている。

2019年6月に大阪で開かれたG20サミットの前哨戦となった、貿易・デジタル経済相会合。AIの「責任ある利用」に向けて各国が協調するとの声明を採択した。柱に据えたのが「人間中心」の考え方だ。

日本と欧州連合（EU）が主導した。日欧はAIの設計や利用に一定の倫理指針を設けることで足並みをそろえ、各国にも同様のルール導入を働きかける。機械であるAIに「個人の尊重」が脅かされかねないとの危機感があるからだ。

例えばAIが個人の信用度を割り出し、融資や採用に生かす技術だ。便利な一方、新たな格差を生みかねないとの懸念は強い。課題はこうした問題意識を中国などの新興国と共有できるかだ。共通ルールに向けた壁は多い。

2　ＧＡＦＡ断ち3週間、生産性3分の1に

自分（33）は茨城県のつくば駅前を汗だくで走っていた。取材予定のシンポジウムの会場がどこかわからない。駅の地図では南に約５００メートル。もう遠くないはずなのに、それらしき建物が見当たらない。開始時間は刻々と迫る。いつもの「グーグルマップ」が使えないだけで大ピンチだ。

調べ物に半日

２０１９年5月半ばから3週間。「ＧＡＦＡ断ち実験」は、スマホの電源を切って始まった。位置情報やネット検索履歴データなどを4社に渡さないよう、それらのサービスや製品を使わずに暮らしてみようと考えた。

今の取材テーマはデータ規制の動向で、予習が必要だ。だが、グーグルで検索する「ググる」はご法度。会社の近くの図書館や書店にこもる時間が増えた。

ネットでは簡単に閲覧できる海外の最新の研究資料は書架になく、数カ月遅れの情報が載った専門雑誌を探すだけでも一苦労だった。あっという間に半日が過ぎる。先輩記者に聞くと、米ミシガン大の研究ではネット検索を使えば図書館で調べるより3倍速く、1テーマで15分節

約できるという。

ネット検索にスマホ、SNSにネット通販。GAFAのある暮らしが浸透したのは10年ほど前のこと。それらを断つと、生産性が3分の1に落ちたということか。

「ググれカス」

取材先の弁護士には準備不足を怒られた。「それぐらい調べて来てください」。「ググれカス」というネット上の俗語が頭に浮かぶ。ネット検索でわかることをすぐに周りに聞く残念な人のことを指す。学生時代も仕事でも、それなりにそつなくこなしてきたつもりだった。だがGAFAを取り上げられた今、すっかり劣等生だ。

これほど生産性を犠牲にしてまで、自分のデータを守る価値があるのか。実験が3週目に入ると、弱気な迷いが浮かんできた。そんなとき、上司から「データ活用先進国の中国を取材して」と出張命令が下された。

中国は国ぐるみでデータを集め、スマホひとつで買い物や移動、交通違反の罰金支払いまでできる。その代わり、個人のデータや行動は企業や国に筒抜けだ。

「便利さこそ正義、という社会に満足ですか？」。上海で聞いてみた。会社員の王昶さん（35）は「知られたくない情報が漏れているかも。でも、スマホなしでは生活すらできない。仕方ない」と話してくれた。

「中国式」が正解とは思えないが、暮らしも仕事もデータが便利にしてくれている。もう離れられないのかもしれない。そして膨大なデータは人工知能など先端技術の開発にも使える。人口は14億人。そのデータの力を、国の成長に結びつけていくのだろう。

3週間のGAFA断ちで、これ以上続けるとクビになりかねないと思うほど、仕事に支障をきたした。簡単にGAFAと縁は切れない。データが自分の生産性を決めていたのだから。

そして友まで去った

「ピーという発信音の後に、お名前とご用件をお話しください」

留守番電話に切り替わるのは何度目だろう。いつも取材に応じてくれたITベンチャー経営者と連絡が取れなくなった。メールやSNSには反応がよかったのに。見捨てられたようで傷つく。

GAFA断ち実験を進めるうち、想定外の孤独が押し寄せてきた。フェイスブックやLINEなどSNSを使えず、主な連絡手段はレンタル会社で借りたガラケーになった。電話とショートメールでしか連絡が取れなくなったことで、どうやら周りからは「面倒くさいヤツ」と思われ始めたらしい。

こんなときに頼れるのは友達だ。大学時代のラクロス部の同期に「久々に飲もう」と誘いをかけた。まさかとは思ったが、彼らにさえ次々無視された。15人に声を掛けたが、都内の居酒屋に集まったのはたった2人だった。

ガラケーからの連絡が致命的だったらしい。「今どきショートメールなんて怪しさ満点。本人か疑った」と笑われた。ガラケー全盛期に培った友情のはずなのに、今やSNSの輪を外れると信頼が揺らいでしまう。

「ソーシャルキャピタル（社会関係資本）」という言葉を最近、よく耳にする。人とのつながりや助け合いなど目に見えない資本を示すという。GAFAはまさに、現代の人間関係を支える土台になっている。

選ぶ力が共存のカギ

フェイスブックは2019年6月、「リブラ」と呼ぶデジタル通貨による金融サービスへの参入を公表した。不可欠な社会インフラとしての性格をさらに強めていく。

一方、GAFA断ちで良かったこともある。

「家で2人でいても、スマホをいじらなくなったよね」。妻との会話はぐっと増えた。図書館では「GHQ焚書」など興味深い背表紙が目に入り、グーグルの検索結果ではたどり着けない発見があった。

最近悩まされていた深夜の頭痛も、不思議と消えた。不自然な姿勢でスマホを見続けることがなくなったおかげかもしれない。今まで家族のだんらんや健康を、知らないうちに失っていたのかも。そう気づかされた。

ＧＡＦＡに与えられるものと、奪われるもの。どちらが重要かの答えは難しい。次第にこう考えるようになった。「こうして迷えること自体、幸せなのではないか」

実験中に訪れた中国では、あらゆるデータが管理された社会システムの下で、人々は「ここから外れて生きられない」と抵抗をあきらめていた。日本はそこまで徹底したデータ管理社会ではない。データとどう関わるか、個人に選ぶ余地がある。

実験を終えると、スマホやＳＮＳの使い方が変わった。アプリのプライバシー設定を厳しくし、時にはスマホの操作をやめて妻との会話や図書館での時間を楽しむようになった。小さな工夫だが、誰にどこまで「自分」を渡すかを自ら決める。その貴重さが実験の成果だった。

あの過酷で孤独なＧＡＦＡ断ちは、もう二度とごめんだけれども。

【キーワード】

GAFA規制

データ寡占を強めるGAFAなど巨大IT企業に、世界で規制強化が広がっている。注目が集まるのが、プライバシーを守る個人情報保護、健全な競争環境を保つための独占禁止法（競争法）、適切に課税するための法人税のあり方の3分野だ。だが超情報社会が進む中でGAFA抜きの生活は現実的とはいえない。うまく折り合うことも必要になる。

個人情報保護の分野で先行するのはEUだ。EUは2018年に世界で最も厳しい保護ルールといわれる一般データ保護規則（GDPR）を施行した。

2019年1月には仏当局が、米グーグルによる収集データの利用目的の説明手法を「分かりにくい」と指摘し、GDPR違反で5千万ユーロ（約62億円）の制裁金を命じた。

日本も2020年にも予定される個人情報保護法の改正に向け、個人が企業に自分のデータ利用の停止を求められる「使わせない権利」の導入などを検討している。米国でも個人情報保護ルールの強化の動きがある。

各国の独禁当局は、強大化するＧＡＦＡを「健全な競争環境を阻害する恐れがある」と警戒する。ＧＡＦＡは独自の市場を作り出し、その場の「権力者」として君臨する形で急成長した。グーグルは利用者が10億人を超すサービスを８つ抱え、フェイスブックは世界で20億人以上が利用する。利用者は彼らが定めるルールに従わざるを得ない。

多くの国は、独禁法などで「優越的地位の乱用」を禁じている。一般的には、強い立場にある企業が弱い立場にいる取引先に不当に圧力を掛ける行為などを指す。

ところがＧＡＦＡの台頭に伴い、企業間だけでなく、企業が個人ユーザーから個人情報の吸い上げを強いる行為も、「優越的地位の乱用にあたるのではないか」という考え方が強まった。

ドイツ当局がフェイスブックのデータ収集を「違法」と判断して大幅に制限したうえ、日本も２０１９年10月に省庁横断の「デジタル市場競争会議」を発足させた。ＧＡＦＡなどの個人データの収集や利用を厳しく監視する構えだ。規制に慎重だった米国でも、議会や米50州・地域の司法長官がＧＡＦＡへの反トラスト法（独禁法）調査を始めるなど、ＧＡＦＡへの風当たりが強まっている。

ネットを通じて世界中にサービス展開するＧＡＦＡには、「法人税などが適切に課税されていない」との批判も根強い。低税率国に置いた関連会社を駆使して極端な節税策をとっているといわれ、どの国でどのくらいの利益を上げたかという事業内情も見えにくいためだ。

いわゆる「デジタル課税」の動きが加速している。GAFAへの課税強化に踏み切る国が増え、彼らのビジネスモデルに対応した新たな国際課税ルールを作ろうという議論も、20カ国・地域(G20)や経済協力開発機構(OECD)で進んでいる。

3　デジタル都市、起動せず

「トロントが大混乱だ」。北米に出張中の先輩記者から連絡が入った。

カナダ政府と州、市は2017年、世界最先端のデータ都市づくりの構想を発表した。米アルファベット（グーグルの親会社）傘下のサイドウォークラボの参加が目玉だ。

だが渋滞解消や防犯のために監視カメラなどのデータを集めて管理する機関にサイドウォークラボが深く関わることに住民が猛反発。公共空間を一企業に支配されたくないと、市民団体が市などを訴え、雲行きが怪しくなった。

世界各地で、交通や医療など住民向けのサービスをデータ活用で効率化する試みが進んでいる。果たして、社会問題を解決する切り札と期待していいのだろうか。

そういえば私（33）の地元の福井県にもデータ都市と名乗る街があった気がする。内閣府に確かめると「市長と地元のＩＴ企業が連携して旗を振る、鯖江市のことですね」と教えてくれた。実態はどうなのか。現地で、確かめてみることにした。

200のデータ資源

鯖江市が公開し、企業が自由に使えるようにした行政データは約200に上る。バス情報から川の水位、サルの出没情報など様々だ。福井の学校は熊やサルが出ると集団下校になる。子どもを守るため、サル情報は重要だ。

バスの走行位置や乗車中の人数がリアルタイムでわかるスマホ用アプリは市の公開データで作られ、とても便利だ。いつでも「乗車人数は1人。3つ前のバス停付近を走行中」などの情報を確認できる。

だがそのバスの中で目にしたのは、ボタンを必死に連打する運転手さんというアナログな光景だった。聞くと、バス停で3人乗って5人降りた場合、「乗車」ボタンを3回、「降車」ボタンを5回押す。位置情報と合わさり、ユーザーの手元に届くという。オープンデータという涼しげな語感とは裏腹に、熱い気持ちがこもる。運転手さんは「おつり対応をしていると、何回押したかわからなくなる」と笑っていた。

思い描いたデータ都市と現実は、少し違うようだ。市民に、冷めた反応があることもわかってきた。

便利なバスアプリに、下校中の女子高生2人はつれなかった。「アプリは使わない。バス乗らないし」。おかしい。市役所が「これいいですよ」と自慢する子育て情報アプリの評判を確かめようと、公園にいた子連れのお母さん2人に声を掛けたが、彼女らは「何ですかそれ」と顔を見合わせた。

デジタル経済の競争力で日本は伸び悩む

データGDPの順位	国名
1	米国
2	英国
3	中国
4	スイス
5	韓国
6	フランス
7	カナダ
8	スウェーデン
9	オーストラリア
10	チェコ
11	日本

（注）米タフツ大のバスカー・チャクラボルティ氏らが作成

主役はおじさん？

データ都市は幻想なのか。街を行く70人に「データ都市と知っているか」「データから生まれたアプリを使っているか」と聞いた。鯖江の人口は7万弱。3日かけてつくったのは1000分の1の「街の縮図」だ。国内随一のデータ都市の意外な実像が浮かんだ。

流行に敏感なはずの若者や女性が、データに見向きもしていない。女子高生は6人全員が「アプリを使わない」と回答。女子大生や小学生も同様だ。一方で40歳以上の男性は14人中10人がアプリを愛用する。これではまるで「おじさんのためのデータ都市」だ。

後日、興味深い指標をみつけた。米国のグローバル経営の専門家らが考えた「新たなGDP（データ総生産）」。データの発生量や使いやすさなどを分析し、各国のデータ経済の規模を測る。国内総生産（GDP）をもじって名付けられた、いわば「データGDP」だ。そのデータGDPで日本は世界11位。リアルなGDPでは3位なのにトップ10から脱落する。最大の理由は、高齢化でデータ活用の勢いがないからという。

データ都市にふさわしい「使えるサービス」をつくるには、行政やおじさん世代だけ頑張っても限界がある。イノベーションを生む若手起業家や学生、女性も巻き込まないと、データ都市はつくれない。データ活用の巧拙は国の経済成長をも左右する。このままではデータ競争力で世界との差が開く。

デジタル世代が主役に

日本を代表するデータ都市の実態は、おじさんの自己満足なのか。納得がいかない私は、牧野百男市長（77）に直接聞くことにした。約10年にわたり鯖江市のデータ政策をけん引してきた立役者。果たして、これでいいんでしょうか。

「東京から来てくれるなんて、うれしいのぉ」。満面の笑みで迎えてくれた牧野市長。データ活用が女性や若者に浸透していないと指摘すると、「確かにディバイド（格差）はすごいねぇ」と神妙な表情になった。

公開データやアプリを増やすことに専念するあまり、女性のニーズなどが置き去りになったようだ。「でも若者の出番と居場所は徐々に広がっているよ」。鯖江駅近くの「Ｈａｎａ道場」

でその兆しを感じられると教えてくれた。

Ｈａｎａ道場は、地元のＮＰＯ法人が企業と運営する施設で、老若男女がプログラミングなどを学びに通う。訪ねると、プログラミング歴2年という大久保一輝くん（11）に会った。「今までゲームを5つもつくったよ」と得意げだ。イチロー選手が引退したときには背番号の「51」を絵合わせするゲームをつくり、大人たちにも好評だった。

道場には、講師役の徳橋忠夫さん（67）もいた。60歳を超えてから市の生涯学習施設でプログラミングを習い、今は教える側。あれ。鯖江のおじさんが、街の未来を担う子どもたちを育てている。市長が見てほしいと言ったのは、この世代間のバトンタッチの光景なのか。

生まれたときからネットやスマホが当たり前だったデジタル世代はアイデアと技術を吸収し、楽しげにデータを使いこなす。大久保くんらが主役になる頃、この街はデータ都市として成熟するのだろう。

データ社会は訪れたばかりだ。常に新たなテクノロジーが生まれ、ルールや使い方も変わる。私たちは若い世代への新陳代謝を進め、挑戦しなければならない。データがもたらす豊かさは、その先にある。

【キーワード】
データＧＤＰ

米国の研究者らが提唱する「データＧＤＰ」で各国のデータ国力を測ると、米国、英国、中国の３カ国が世界をリードする。データへの接しやすさや生成量などを分析した結果、スイスや韓国も上位に入った。データエコノミーの広がりとともに今後どの国が成長するのかを示す、先行指標になりそうだ。

データＧＤＰは米タフツ大学のグローバル経営論の権威、バスカー・チャクラボルティ氏らが公表。国内総生産（ＧＤＰ）をもじり、グロス・データ・プロダクトの頭文字３文字から名付けた。各国のデータ経済の規模を、①データの生成量、②インターネットのユーザー数、③データへの接しやすさ、④１人当たりのデータ消費量――の４つの観点で評価した。

トップは米国だ。データの生成量が断トツで、他の３項目も高かった。データへの接しやすさの点で優れていた英国が２位。ネットユーザー数が圧倒的に多かった中国が３位となった。

日本は11位で、カナダやオーストラリアなどにも後れを取った。行政データ公開の取り組みなどが進まず、データへの接しやすさの評価が低かったことが響いた。

チャクラボルティ氏は日本の低評価の理由を「ネットサービスの普及率は先進国の中でも高いが、高齢化で普及は頭打ち」と分析する。「大企業を中心にサービス開発が進む点も停滞要因」とも指摘。公開データを増やし、スタートアップなどが活用できる環境の整備が重要とみる。

ただ問題の解消に向けた道のりは険しい。日本政府は2017年、2020年度までに全自治体が行政データを公開する「オープンデータ」に取り組む目標を策定した。しかし2019年3月時点で取り組む自治体は、横浜市や神戸市など全体の26%にとどまった。

高知県内ではデータを公開する市町村がゼロ。「各市町村が情報開示のメリットを理解していない」(高知県庁)など、熱意が高まらない。

データを経済に生かすデータエコノミーでは、多種多様なデータの掛け合わせやAIによる効率の良い解析などが不可欠だ。行政データの公開や企業間での民間データの共有が進まなければ、元のデータそのものが不足し、有効に活用することもできない。データ時代の競争力を高めるための課題は多い。

4 私の価値は229円

私（38）はそんなに安い男なのか。自分のデータを企業に提供する「データ労働者」になって3週間、牛丼1杯分も稼げなかった。

自分を売って稼ぐ

まず静岡大学准教授の高口鉄平さんを訪ねた。企業の情報漏洩の賠償額から個人情報の価値を試算している先生だ。「最近の事案を集計すると、賠償額の目安は500円ですね」。私の大事なデータがたった500円とは。思わず「おかしくないですか」と詰め寄ったが、「一人ひとりの単価は安いものですよ」とたしなめられた。

そんなはずはない。データは「21世紀の石油」のはずだ。私は自分の価値を確かめるための実験取材を始めた。

「夜中に何コソコソやってるの」。自宅でスマホをいじる私に妻が眉をひそめる。ベンチャー企業のワンファイナンシャル（東京・渋谷）が提供する「レシート買い取り」アプリを使う姿が見つかった。個人からレシート画像を買い取ってまとめ、消費傾向を読み取るビッグデータに加工して他の企業などに販売するビジネスだ。

詳しい消費活動を明らかにするのだから、それなりの値段になるはず。そう思ったが予想以上に単価は安かった。集めたレシート画像をせっせと売っても、5日間で115円。この調子では1年続けても1万円に届かない。

では行動そのものがわかる情報ならどうだろうか。NTTドコモは2都道府県分の携帯電話の位置情報を加工したデータを、企業向けに100万円で販売している。だが待てよ、東京と神奈川なら、単純計算で1人10銭以下にしかならない。

メルカリで閲覧や通販の履歴を売ろうとしたが、規約違反でNGだった。カード会社にも決済情報の買い取りを断られた。万事休すだ。

20万人から採算ラインに

結局、私が2週間かけて稼いだ総額は229円。個人データは「単品」では利益を生まないのか。野村総合研究所の小林慎太郎さんが解説してくれた。「一般的にデータビジネスは20万~30万人分集まると採算ラインに乗ります」

それだけあると広告や商品開発に生かせるようになるという。データ量が増えれば、使い道が自動運転や金融、医療へと広がり価値が一気に増す。

フェイスブックは利用者数が27億人で2018年度に約2兆7000億円もの営業利益を稼いだ。LINEと比べて利用者数は16倍なのに、利益は165倍にも跳ね上がる。

情報資源も原油と同じで、生のままでは利用しにくいため価値が低い。GAFAが兆円単位の利益を稼げるのも膨大なデータを集め、新事業を生んでいるからだ。しかし、もう少し私たちに分け前があっていい気がする。

米国では、「これからの私たちはデータ労働者の性格が強まる」という主張が出てきている。経済学者のグレン・ワイルさんは「企業は、情報の価値に見合うデータ分配金を個人に払うべきだ」と唱える。「いいね！」をつけたい気分だ。私のデータが現実の仕事よりも値打ちがあるかは自信がないが。

情報銀行、値付けに迷う

自分のデータで229円しか稼げず、やや落ち込んだ私。利用者から個人情報を預かり対価を払う「情報銀行」が2019年春からいよいよ動き出すというニュースを知った。世界でも珍しい試みだ。今度こそ私の価値を証明してくれるのではないか。探ってみよう。

そもそも情報銀行とは何なのか。制度をつくった総務省と、IT企業の業界団体「日本IT団体連盟」に聞いた。「個人から預かった購買履歴や位置情報などのデータを他企業に提供する一方で、本人には便益を還元する事業です」と説明された。

データを渡した代わりに個人に還元される対価は、お金やクーポン、企業の独自サービスなど様々という。「銀行」というだけあって〝金利〟のようにお金が増えるならありがたい。そう思っていたが、どうも違うようだ。考えが甘かった。

三菱UFJ信託銀行やNTTデータ、富士通など情報銀行への参入を準備する10社以上に尋ねたが、本人にどんな見返りがあるのかといった詳しい仕組みについては、どこの担当者も「未定です」と口ごもった。

2019年6月には三井住友信託銀行とフェリカポケットマーケティング（東京・港）が初の情報銀行として認定された。ところがこの2社でさえ認定時点で、どんなデータにどれほどの対価を利用者に渡すか詳しく決めていなかった。

なぜ対価が定まらないのか。三菱UFJ信託の企画担当の斉藤達哉さんが「データの相場がないからです」と教えてくれた。預かったデータの対価はお金かサービスか。価値をどう計算するか。前例がないだけに、迷い続けているという。

情報銀行を使っても、データで稼ぐ道のりは遠い。もう闇サイト群「ダークウェブ」に頼るしかないのか。英国の情報サイト「トップ10VPN」によると、フェイスブックやアマゾン・ドット・コムの1人分のログイン情報が1000円以上で売られるという。なかなかいい値段だ。心が揺らぐ。

ネット調査のスプラウト（東京・中央）の社長、高野聖玄さんのサポートを受け、ダークウェブで探索してみた。すると意外な事実を告げられた。「あなたのデータは、すでに売りに出ていますね」

2012年にデータ保管サービス「ドロップボックス」の顧客情報が大量流出した。その中に私のデータも入っていたのだ。「何度も転売されたと思われます。数億人分なのに、セットで値段は9万円です」。高野さんに同情された。1人分で1銭以下。タダ同然だ。

個人データは「金もうけ」につながる金脈になりうるが、至る所に落とし穴も潜んでいる。闇サイトで、本人も知らない間に売買されているのは、ほんの一例だ。

米国では、個人をデータ提供の担い手である「データ労働者」と位置づけ、個々の権利を守るための「データ組合」のような組織が必要という議論が広がっている。日本の情報銀行が頼りになるかはまだわからない。

自分のデータの価値がいくらなのか。わからないのは私だけじゃないはずだ。世界中の人たちがデータ社会の実験室の中で生きている。

【キーワード】
データ流通圏

データが生む経済の成長はこれからだ。日本はデータエコノミーの進展に合わせた新たな枠組みづくりを国際社会に訴えている。「自由なデータ流通圏（データ・フリー・フロー・ウィズ・トラスト）」だ。

信頼に足るルールの下で、データを自由に流通させる構想だ。国境を越え、安全に個人データや産業データを使えるようにする。取引が増えればデータの相場も形成され、さらにデータ流通が活発になる循環が生まれる可能性がある。

2019年6月に開かれたG20サミットでも、安倍晋三首相が各国に呼びかけた。背景にあるのは、世界のデータ経済がブロック化しかねないという危機感だ。EUは世界で最も厳しい情報保護ルールを整備し、中国は国ぐるみでデータを囲い込み、独自の経済圏の構築に動く。

日本は各国の制度や価値観の対立がデータ流通を損なわないよう、仲介役として存在感を高めようとしている。

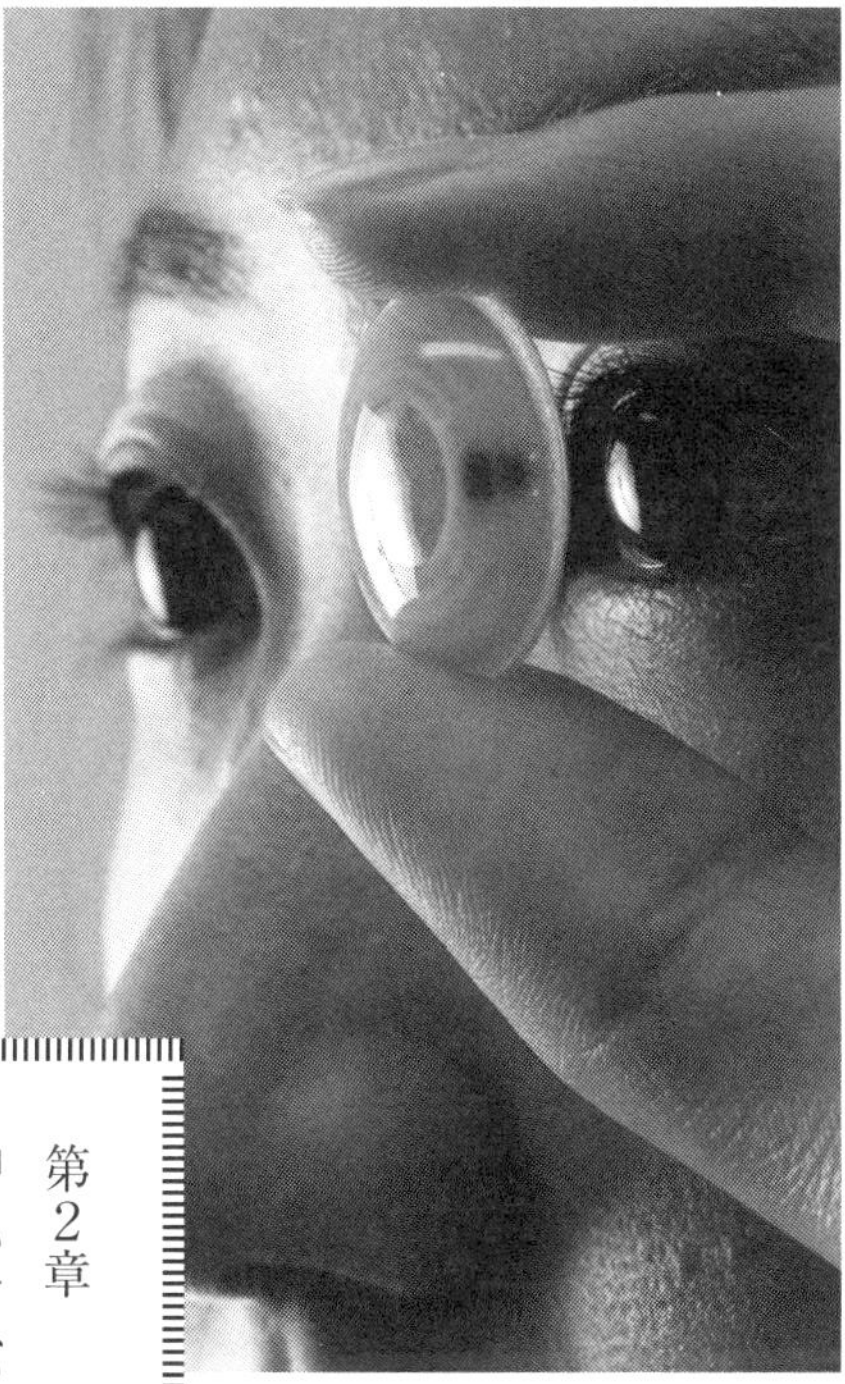

第2章　「私」が奪われる

ヒト・モノ・カネの動きが生み出すデータ資源は爆発的に増え、社会や日常生活の全てに影響を及ぼす。技術革新は私たち自身を飲み込もうとしている。

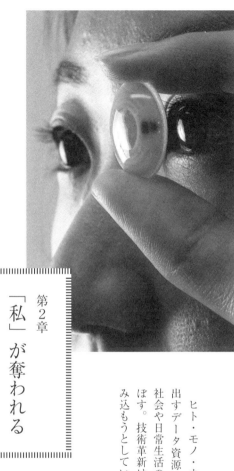

1　豊かさの向こう側

２０１８年4月、中国・上海。飲食コンサルタントの小原あかねさん（48）は重い足取りで、街の中心部へ向かう大通りを歩いていた。「街はどんどん洗練されるのに、私には不便になっていく」

「滴滴」使えず

ホテルに帰りたいが、30分以上もタクシーが捕まらない。中国に毎月出張するたび、途方に暮れる。ここ2年で配車アプリ「滴滴出行」が一気に普及し、流しのタクシーが激減した。現地の銀行口座と直結する決済アプリと連動させなくてはならないため、多くの外国人は滴滴を使えない。

中国では10億人以上が身分証、携帯番号、口座とひも付いた決済アプリを使う。日々の買い物から株式投資、レンタル傘やシェア自転車、無人コンビニまで、スマートフォン（スマホ）1台で済む新たな生活インフラだ。利用には代償も伴う。

「罰金３００元を払うように」。6月、重慶の会社員、羅揚さん（35）はＳＮＳ（交流サイト）

の通知にうな垂れた。監視カメラで3日前の車線変更違反を撮影されていたのだ。当局の監視システムもつながる独特のデータ経済圏が出来上がっている。個人情報を差し出さなければ、その便利さも享受できない。

電子情報技術産業協会（JEITA）によると、2030年にはあらゆるものがネットにつながるIoT関連市場が世界で404兆円と2016年の2倍以上に膨らむ。顔や音声の認識技術も普及し、従来の文字や画像と組み合わせるデータのかけ算が広がる。

己の全てが記録

15世紀以降の印刷、放送、通信といった技術の進歩は大衆に知識を広げ、イノベーションや豊かな社会を育む原動力になってきた。データの世紀は私たちにさらなる利便をもたらしていくが、これまでの「知の民主化」の流れを変えかねない危うさもはらむ。

1日何歩歩いたか、昔の始末書の下書きや自宅の設計図まで、取材班のメンバー（42）の全てが記録されていた。

欧州が5月に施行した一般データ保護規則（GDPR）で定める「データ持ち出し権」。企業から自分のデータを取り戻して管理できる権利をグーグルで試すと、目を疑った。

容量10・8ギガ（ギガは10億）バイト、映画9本分だ。検索履歴や位置情報のほか、予定表、Gメール、消したはずの写真まで含んでいた。「グーグルのサーバーからデータが削除されることはありません」。完全削除を指示しない限り、残り続ける。

巨大データセンターは世界19カ所に及ぶ。便利な無料サービスが10億人を超すユーザーをひき付け、映画数兆本分に及ぶとされるデータを集めてきた。「もう生活の必需品。代わりはない」。データ保護サービス会社を経営する太田祐一さん（35）も私用は全てGメールだ。

グーグルは世界中からデータをかき集め、今や「ITの巨人」として影響力を振るう。持ち株会社のアルファベットの2018年12月期の売上高は約15兆円で、その大半は個人データをもとにした広告収入だ。独調査会社スタティスタは、利用者1人当たりの売上高は年9000円とはじいている。利便と引き換えにユーザーが差し出したプライバシーが生む「対価」といえる。

フェイスブックとグーグルを合わせたネット広告の世界シェアは6割を超す。データを一手に吸い上げ、富と力に換える。データエコノミーは米中だけが動かすわけではない。

2018年4月、独ベルリン。「Verimi（ベリミ）」というデータ連携サービスが始まった。運営企業に出資するのはドイツ銀行やダイムラー、ルフトハンザといったドイツを代表する大手10社だ。互いのデータを持ち寄り、消費者の行動を広範囲に分析して効果的な顧客取り込みにつなげる。

個人データを独占してきたグーグルなどへの対抗勢力として生まれた。異色なのは参加企業が集めたデータをどう使うか、ユーザーに選択権を委ねている点だ。

航空券予約もカーシェアも決済も、同じＩＤで済む。ユーザーが同意しない限り、データは広告や外部企業に勝手に使われることはない。サービス名は「Verify Me（私を認証して）」から付けられた。

「米中のＩＴ大手は人権を無視して個人情報を集めている」。それがベリミの主張だ。先行した米中とは違う形のデータ連携が進む。

日本でもデータ活用の動きが広がるが、解は出ていない。欧州は「クッキー法」と呼ぶ新たなプライバシー規則の導入を準備している。豊かさの向こう側にあるリスクに気づいた個人も巻き込み、データエコノミーのあり方を問いかける。

利便を取るか「私」を守るか。

現れつつある超情報社会を前に、世界は岐路に立っている。

【キーワード】

ＩＤ連携

国や企業が集めた個人データは様々な形で統合が進む。複数サービスにまたがったユーザーＩＤを結びつける「ＩＤ連携」の動きだ。

中国は国家規模でのデータ統合に向かい、米国では巨大ＩＴ企業の存在感が高まっている。対する日本は企業が業種を超えて手を結び、データ活用で足並みをそろえる動きも出始めた。

中国のＩＤ連携の柱となっているのが「微信支付（ウィーチャットペイ）」などの決済アプリだ。国発行の身分証や口座、ＳＮＳ情報などあらゆる個人データがひも付けられ、日常の買い物や移動に使う。生活のほぼ全てがスマホ1台で済む一大インフラとなっている。

お互いの身元がはっきりしているため「偽札が多い人民元より信用できる」（北京市民）決済手段とされる。ただ公安当局も常時接続しており、中国全土に2億台ある監視カメラを通じて監視の目を光らせる。ＳＮＳで政府に批判的な発言を繰り返すと、アプリが一時停止し、生活に支障をきたすこともあるという。

米国では「プラットフォーマー」と呼ばれるデータの巨人が膨張を続ける。フェイスブックやアマゾン・ドット・コムが代表例だ。各社は従来のネット上のサービスから、スマートハウスやコネクテッドカー（つながる車）といったリアルの世界にも進出。検索履歴や購買傾向に加え、健康情報や家族構成、人や物の流れといったあらゆるデータに狙いを定めて事業を広げる。

「データの相互利用で力を合わせる必要がある」。米中の「データ強者」のせめぎ合いを横目に、日本では企業などが異業種連携に活路を見いだそうとする動きが目立ち始めた。

２０１７年11月には、オムロンやソニー、日立製作所などが「データ流通推進協議会」を設立した。参加企業・団体は１００を超えている。互いのデータを持ち寄って、競争力向上につなげようと試行錯誤を繰り返す。

ただ課題は多い。旗振り役の一人、エブリセンスジャパン（東京・港）の真野浩・代表取締役は「データ形式が各社で違い、簡単に情報統合できないなどの問題がある」と指摘する。「だが企業間のデータ流通が活発になれば、活用の幅が格段に広がり巨大な付加価値を生むはずだ」と話す。

2 「最適な広告」 心を操作

「うわ、またこの広告か……」

2018年7月上旬、交際相手の実家に初めてあいさつに行った帰り道。東京都内の女性公務員（32）はフェイスブックにあふれる結婚式場や指輪の広告を見て顔をしかめた。「結婚はまだ職場でも秘密なのに、気持ち悪い」

検索、閲覧履歴などの個人情報をもとに配信されるターゲティング広告。フェイスブックでは広告主が対象を細かく絞り込める。1億円以上の住宅を持つ資産家、遠距離恋愛中、大学中退者――。周囲に公言していないプライバシーも筒抜けだ。

購買率が50％上昇

米スタンフォード大の心理学者マイケル・コジンスキー氏らは、約310万人を対象に化粧品の広告効果を調べた。データから「内向的な性格」と判断された人には控えめな宣伝文句を示し、逆に「外向的」な人には「皆の目はくぎ付け」との広告を出した。結果は購買率が50％上がった。

情報分析を競争力に変えるデータエコノミーが広がる。

趣味嗜好を狙った広告はフェイスブックが2006年に参入して普及した。いまや人々の行動にすら影響を及ぼす。「ネット大手は消費者を知り尽くし、心に合わせて狙い撃ちする。もはや意志の力では防ぎきれない」。米ワシントン大のライアン・カロ教授は警鐘を鳴らす。技術が一線を越えていく。

「ストップ・ザ・トレイン！」。米テネシー州で2018年5月、鉄道の建設計画が住民投票で否決された。世論調査では可決が濃厚だったが、ある団体がフェイスブックなどで反鉄道キャンペーンを展開し、廃案に追いこんだ。

団体は「アメリカンズ・フォー・プロスペリティ（AFP）」。出資者はトランプ政権に強い影響力を持つ大富豪コーク兄弟だ。米誌フォーブスによると、2人の資産は計1200億ドル（約13兆円）に達し、首位の米アマゾン・ドット・コム創業者ジェフ・ベゾス氏を抜く。

同兄弟の知恵袋が、投資先の米データ分析会社アイ360だ。公的調査や傘下企業の顧客情報から集めた2億5000万人分のデータを、博士号を持つ統計学者らが分析。誰に広告を出せば効果的かを突き止める。あまりの精度に「その人のことを家族より知っている」とも評される。

民主主義を脅かす

広告の目的は物を売るだけではない。

2016年の米大統領選で約8700万人分の個人情報を流用した英データ分析会社ケンブリッジ・アナリティカは、フェイスブックで「トランプ氏」という商品を売り込んだ。世界中の非難を浴びて破綻したが、トランプ氏は2020年の再選に向け、同社元幹部と再び契約を結んだ。

米大統領選に関与したとされるロシアは、フランスやドイツでも選挙に介入し「民主主義を脅かす」（欧州委員会）と非難された。外国政府からのサイバー攻撃なら内政干渉との批判も成り立つが、国内広告の体裁だと取り締まりはやっかいだ。心まで操れる技術が政治に入り込めば、民主主義の根幹は揺らいでしまう。

【キーワード】

ターゲティング広告

世界のインターネット広告市場ではグーグルとフェイスブックの2社合計で約6割のシェアを占める。両社の強みは「ターゲティング広告」をフル活用していることだ。利用者から得た豊富な個人データをもとに、広告を配信する対象を効果的に絞り込む。

個人や企業がフェイスブックで広告を配信する際、広告主はまず「認知度アップ」「動画再生回数アップ」など10種類以上から目的を選ぶ。そのうえで年齢や居住地、趣味・関心などに応じて対象ユーザーを狙い撃ちしていく。

絞り込み条件は細かく多様だ。年齢は1歳刻み、居住地も市町村名や郵便番号のほか「この地点から半径20キロ以内」などの設定ができる。「大学卒」「技術者」「海外駐在員」といった学歴や職業、社会的立場のメニューも豊富にそろえる。

「高価格品を好む」や「交際に関する記念日が近い」など嗜好に関する条件も用意する。米国限定になるが「穏健な保守」や「強硬なリベラル」といった政治思想でも対象を絞り込める。

個人の内面に踏み込んだような絞り込みすら可能なのは、フェイスブックが豊富な個人データを持つからだ。

20億人以上の利用者にサービスを無料で提供する代わり、投稿や位置情報、「いいね！」ボタンの反応などあらゆるデータを収集。分析して広告に反映させる。

さらにフェイスブックはこれまで分析効果を高めるため、外部のデータ会社からも個人の収入情報などを購入していた。だが個人情報の大量流出が発覚して以降、こうした取引を中止すると発表した。

フェイスブックの2018年12月期の年間売上高は558億ドル（約6兆円）で、ほぼ全てが広告収入だ。広告効果の向上とプライバシー保護の両立に向けた模索を続けている。

3 ＡＩ依存どこまで

２０１７年12月、米ロサンゼルス近郊。３カ月に及んだ人工知能（ＡＩ）の国際競技が幕を閉じた。世界90チーム以上の技術者が集結したが、人は脇役だ。戦いはＡＩ対ＡＩで繰り広げられた。

「現金支払機の画像にフィルターをかけ、防御システムを欺け」

課題を受けたＡＩが見えない空間で超高速の自動攻撃を繰り返す。街頭の監視カメラへの応用を想定した競技だ。攻撃側が認識を狂わせるノイズを埋め込むと、防御側のＡＩが検知してはじき出した。

猛烈な成長速度

大量のデータを操るＡＩが進化し、いつの間にか人知を超えた力を持つ。そんなデータエコノミーが実現し始めた。

２０１８年６月13日、米連邦準備理事会（ＦＲＢ）のパウエル議長が記者会見を開いた。その中継をじっとにらんでいる「目」があった。中国・香港に拠点を置くスタートアップ企業、エモティクスのＡＩシステムだ。

「賃金上昇には時間がかかる」。パウエル氏が答えた瞬間、ＡＩが反応した。人の目には冷静に見えても、見逃さない。眉間に一瞬、刻まれたしわや口元のゆがみを検知。ＡＩは会見中、賃金上昇の鈍さにいら立ちを示す「嫌悪」の感情を計15回、読み取った。

経済予測に役立つ金融トップのデータはヘッジファンドに高く売れる。野村証券の水門善之氏も、欧州中央銀行のドラギ総裁や日銀の黒田東彦総裁を分析する。「０・２秒ごとに表情を読み取る」（エモティクスのレイ・ホーラン最高経営責任者）、「一瞬の表情が感情のデータになる」（水門氏）。何事にも動じないポーカーフェースの特訓を受けても、ＡＩは新しい癖を学習し先回りする。

ＡＩの力にあらがえないなら、その力に乗る方が賢明かもしれない。

「点数を上げるために頑張った」と中国・上海の男性会社員、蘇静さん（仮名、35）は話す。彼が気にするのはアリババ集団の「芝麻（ゴマ）信用」の点数だ。一人ひとりのユーザーを３５０点から９５０点満点で評価する。蘇さんは学歴や職歴から資産内容まで、あらゆる情報をアリババに提供した。対話アプリは高評価の友人との間だけで使い、公共料金や税金は滞納しないよう心がけた。

点数をはじき出すアリババのＡＩは中身の見えないブラックボックスだ。評価対象は不明だが「優等生」として振る舞う方が有利に働くといわれている。

口コミより信用

点数が765点まで上がった蘇さんは、電子決済の与信枠が600点台だったときの2000元（約3万4000円）弱から1万5000元に上昇した。点数は1億人が登録するお見合いサイトにも掲載される。AIのスコアが口コミより高い信用力を発揮する世界だ。そんな状況は不気味にも見える。だが、上海在住のコンサルタントは「実利があるなら構わないという人が増えている」と話す。

気が付けば生活のあらゆる場面にAIが浸透し、AIに支配される時代が訪れようとしている。ただその判断は常に正確とは限らず、往々にして偏る。どこまでをAIに委ねるのか。真剣に考え始めるときが来ている。

【キーワード】
AIが人を格付け

AIが様々な個人データを分析し、人を「格付け」するスコアリングの技術が急速に発展する。とりわけ金融の与信審査などで世界中に広がっている。

代表的なのが「芝麻（ゴマ）信用」だ。高スコアだと低利で多額のお金を借りられるほか、レンタカーやホテル宿泊で保証金が不要になる。シンガポールやルクセンブルクの各国政府とも連携、在職証明や資産照会といった通常必要となる手続きを軽減する優遇も受けられる。

スコアの詳細な基準は非公表だ。だがアリババのスマホ決済サービス「支付宝（アリペイ）」で頻繁に買い物をしたり、スコアが高い友人とSNSで親密に交流したりすれば点数が上がるとされる。一方でクレジットの返済が遅れるなど、信用を失う行動は減点対象という。

AIが与信審査をするサービスは2010年前後、米国で次々に生まれた。オンライン融資仲介の「レンディングクラブ」や「キャベッジ」などが有名で銀行よりも柔軟で迅速な対応を売りにした。近年は銀行口座を持たない人が多い東南アジアやアフリカなどでも、同様の新興サービスが増えている。

日本でも2016年、みずほ銀行とソフトバンクが共同出資するJスコア（東京・港）を設立し、AIによる与信スコアリングを始めた。ウェブ上で収入や趣味、性格などの情報を入力すると、1000点満点で採点され融資可能な額や金利が提示される。スコア取得数は2019年3月末で約50万件に達する。

4　企業競争力はかけ算で

「40歳代男性、立ち上がっている」
「ここから先が車線、横断歩道はこの範囲」
中国・瀋陽近郊のオフィスビル。300人近い若手社員がパソコンに向かい、画面上の映像をマウスでなぞり続ける。

数億人の顔学習

香港発のAIスタートアップ、センスタイムの「データ工場」だ。街頭カメラの動画1秒を24～30枚に分割し、人海戦術で意味をAIに教え込んでいく。すでに「数億人単位」（同社）の顔データを学習した。そのデータに多くの企業が吸い寄せられている。

2017年11月、ホンダは自動運転分野でセンスタイムと提携した。申し入れたのはホンダ側だ。体の向きや足取りから、歩行者の動きを予測する技術が決め手だった。

100以上の車や人を同時に識別するセンスタイムのAIを使えば、状況が複雑に変化する市街地でも3～5秒先まで予測できる。ホンダの杉本洋一上席研究員は「他にない高精度な技術だ」と話す。

自動車産業の合従連衡はかつてメーカー同士の提携が主流だった。だがデータエコノミーが広がる時代は、データを牛耳る企業を無視できない。

センスタイムとは米半導体大手のエヌビディアやクアルコム、中国・アリババ集団も相次いで提携した。設立5年で企業価値はすでに5000億円を超す。業種を超えてデータ資産をかけ合わせれば、自動運転など新ビジネスの土壌も生み出せる。

トヨタ自動車も東南アジアの配車サービス最大手、グラブなどとの関係づくりに奔走する。データを軸にした事業提携は勢いを増しているが、データ資源の囲い込みでは米中が大きく先行する。追い上げるのは容易でない。

「データの記載法やファイル形式が違いすぎる」。NTTの担当者は頭を抱える。

2018年1月、札幌市と組んで訪日客開拓プロジェクトを始めた。イオン北海道や札幌丸井三越など異業種30社と顧客データの共用に乗り出したが、統合作業は難航する。

スピード感課題

分析できるはずのデータは計100万人分だ。しかし、それらをつなげて集客や店舗開発に生かすには、それぞれ異なる形式の個別データを1つ1つ手入力で記録していくしかない。

スピード感も課題だ。

2018年6月、セブン&アイ・ホールディングスが呼びかけ、NTTドコモや東京急行電鉄（現東急）、三井物産など大手10社が連合を組んだ。互いのデータを組み合わせ、宅配網の整備や新商品開発につなげる。だが本格的なデータ共用はまだ先だ。「まず1年間は何ができるか、研究しましょう」。各社の担当者らが集まっても煮え切らない。

世界は待ってくれない。米アマゾン・ドット・コムは2018年6月、米処方薬販売のピルパックを買収すると発表した。狙いはピルパックが持つ高齢者の購買データだ。手薄だった領域を広げるため、ピルパックの売上高の10倍に当たる約1000億円を投じた。保険や通信機器への参入もにらみ、業種を超えた膨張は止まらない。

データの巨人に対抗する合従連衡は始まっている。個人情報を安全にやり取りする「情報銀行」創設の動きも広がる。利用者の納得を得つつ、いかに迅速にデータのかけ算を進めるか。データの世紀は企業の競争軸を大きく変えていく。

【キーワード】

顔認証技術

カメラなどに映った人物を特定する顔認証技術は、買い物での本人確認や防犯をはじめ様々な分野で利用が広がる。

ある試算では、監視カメラの世界市場規模は2018年に15年の倍以上に膨らんだ。顔認証や動作解析などの機能を備えた高性能カメラがインターネット網に結びつく。無人コンビニでの自動決済などこれまでにない便利さを生み出す一方、監視社会への懸念も高まる。

香港のセンスタイムは人の美しさをAIが点数化するソフトを開発した。宣伝用で商品化の予定はないというが、顔認証技術で重要な要素をふんだんに盛り込んだ。大量のサンプルデータをAIに学習させたうえで、顔のパーツなどをなるべく細かく測定する。

同ソフトでは、「美女か美男子か」の判断について、AIに数百万人分のデータを読み込ませた。顔の輪郭や目や鼻の大きさや配置など100以上の点を測定・分析し、美しさを100点満点で算出する。

顔認証技術は多くのサンプルをAIに学習させることで、画像から年齢や性別、感情などを推定できるようになる。また顔のパーツを細かく測れば、対象がマスク姿やうつむき加減でもデータベースにある顔情報と一致率を分析し、高い精度で個人を特定できるようになるという。

調査会社の矢野経済研究所によると、2018年の監視カメラの世界出荷台数は約5700万台に達し2015年から倍増した。顔認証技術の発達で優良顧客の入店を把握してマーケティングに役立てるなど、防犯以外の利用も広がっている。

一方、顔認証技術や監視カメラの普及に積極的な中国では、警察のカメラ網が住民の個人データと結びつき、交通違反の車や歩行者を瞬時に特定する。群衆の中から短時間で指名手配中の犯人も見つけ出すことができるが、監視強化につながっているとの批判もある。

5　飛び交うフェイク

不法移民問題で揺れる米国。2018年6月、ネット空間で論争が巻き起こった。

37万「いいね！」

「この残虐な行為に黙っていては駄目」

SNSに著名歌手のジェニファー・ロペスさんが画像を投稿すると、即座に37万件もの「いいね！」がついた。

写っていたのは泣きじゃくる移民の女の子だ。トランプ政権の取り締まりで、親と引き離された悲劇の象徴として拡散した。

だが、後に父親と名乗る人物が否定、保守系メディアも一斉にフェイク情報と報じる。実際に一家離散した移民は多いが、女の子の画像は世論分断に拍車をかけただけだった。

大量のデータが行き交うデータエコノミーには偽情報が入り交じる。そうした情報汚染が広がり続ければ、ネットを使った情報システムそのものがどこかで機能しなくなる。現実との境目を脅かす技術も現れだした。

「ベルギー国民よ、偽善をやめてパリ協定から離脱せよ」

2018年5月、ベルギーの社会主義政党sp・aがトランプ氏の演説動画を投稿した。断定調で地球温暖化防止の国際枠組みから離脱を訴える。扇情的なスタイルはいつも通りだ。だが心なしか口元がぼやけている。

「トランプこそ偽善者だ！」。SNS上はすぐさま反対コメントであふれた。これに慌てたのがsp・aだ。「いやこれはフェイク動画で、冗談なんです」。慌てて否定声明を出した。

公開されたAIモデルに、動画と音声データを学習させていくだけで自然な偽動画が作れてしまう。ポルノ向けに使われ始めた技術だが、政治にも悪用される恐れが出てきた。

自動生成された偽ニュースや偽口コミも広がる。米シンクタンクCDTの調査では、最先端の自動分析技術を使っても憎悪表現などの問題投稿は全体の8割しか排除できない。真偽はなお人の目で見極めるしかない。

偽ニュースの舞台となったフェイスブック。2018年中に監視要員を2万人に増やした。2017年12月期の営業利益は2兆3000億円。社員数10倍以上のトヨタ自動車に迫る利益を稼いできたが、今後は代償を強いられる。

「浄化」に危うさ

だが、コストをかけて情報を浄化しても、待っているのは危うさかもしれない。

2018年3月、中東ドバイの監視技術展。「書き込みを自動解析し、危険な文言を排除できる。ロシア製より効率的です」。関心を集めたのが、中国政府や軍が使う世論監視用のSNS分析技術だった。

販路は中東やアフリカだ。個人情報を検閲して不都合を抑え込む。東南アジアではすでに治安維持を名目にした言論統制が広がる。中国型の監視社会が世界に輸出されようとしている。

「検閲を義務付ければ、我々は中国と何が違うのか」

米スタンフォード大のハーバート・リン上級研究員は嘆く。「フェイクは創作と紙一重。表現の自由を保障する米国で規制は困難だ」

データの世紀は世界に重い課題を突きつける。

【キーワード】

ディープフェイク

本物と見分けがつかないほど巧妙な偽動画を作る技術「ディープフェイク」が注目を集めている。

映画製作などで使われ始めたが、技術の進歩で専門家でなくても低コストで使えるようになった。特定の政治家の偽の演説動画など悪質なフェイクニュースに利用され民主主義を脅かす危険につながるとも指摘される。

ディープフェイクの基盤となるのがＡＩだ。まず有名人や政治家など狙いをつけた人物の映像と音声データを集め、ＡＩに学習させる。他の人物が話す映像を学習に生かし、画像のずれを補正しながら、本物のデータからＡＩが自動で自然な偽動画を合成していく。

うまく合成すれば実際は本人が一言も発していない内容も、偽動画の中で雄弁に語らせることができる。

２０１８年４月には米ニュースサイトが「このビデオでオバマ（元米大統領）が話

していることは信じられないだろう」という動画を作り、話題になった。一見するとオバマ氏の演説動画だが、音声や表情は別人のコメディアンのものだった。偽動画の巧妙さに注意するよう呼びかけるために作られた。

本物らしくするポイントのひとつが口の動きだ。大きく開いたり閉じたりする動きと、音声をタイミング良く重ねると自然さが増す。高度な動画合成は従来、プロの映像制作会社が費用をかけて初めて可能だった。現在は公開されたＡＩモデルを理解できる知識さえあれば、個人でも自宅の作業で作れてしまうという。

こうした偽動画は、どんどん増える可能性もある。米ニュースサイトの動画では、偽のオバマ氏がこうも警告する。「敵が勝手に、誰かが実際に何かを話していたかのように、偽装できる時代になった」

やってみた① 10時間で本人特定　スマホ位置から出張・実家も筒抜け

ＩＴサービスの発展に伴い、ネット上にはスマホの位置など、あらゆるデータがあふれるようになった。簡単に得られる公開データも多いが、それらを使って、どこまで個人に迫れるのだろうか。

記者が試すと、完全な匿名情報から出発して10時間で個人を特定し、半年間にわたる詳細な行動まで割り出せた。利便性の代償として、本人が気づかぬうちに私生活が筒抜けになるリスクも高まっている。

全て公開データで追跡

ネット上では匿名ならば、スマホなどの位置情報が合法的に入手できる。記者は「グーグルの検索などと併用すれば、個人を特定できるのではないか」と考えた。

特定する相手の目星をつけるため、データ取引を手掛けるエブリセンスジャパン（東京・港）のスマホ用アプリ「エブリポスト」を利用した。

ユーザーが自分の位置情報などを企業や研究機関に売り、新しいサービスや商品の開発、学術調査とつなげるためのサービスだ。全地球測位システム（ＧＰＳ）でユーザーの移動情報を測定し、その履歴を数メートル単位ずつ、緑色の点と線によって地図上に表示する。一連のデータは専用サイトで公開していた（現在は非公開）。

記者はサイト上の、ある人物の動きを示すひとつの点に目をつけた。国内外を活発に移動しているため、どういった行動パターンで、どんな人なのかを比較的特定しやすそうにみえたからだ。

まず頻繁に滞在している場所から、ある大学の関係者である可能性が高いと推定した。さらに海外での立ち寄り先と時期をみて「9月　ハワイ　国際学会」などと検索を繰り返すと、どの場所でも無線の通信規格を専門にする国際学会が開かれていたことが判明した。

これらの共通項をみたす人物として、一人の男性の名が浮かんだ。

決め手は作業を始めて約10時間後だった。その人物がよく訪れる場所のひとつを、道路沿いの風景などを閲覧できるグーグルの「ストリートビュー」でみると、白い壁の一軒家の画像にたどり着いた。拡大すると表札が、その名前と一致した。「見つけた」。記者はつぶやいた。

約1週間後の2019年3月半ば。記者はまだ寒さの残る北海道室蘭市にいた。

訪ねたのは室蘭工業大学の北沢祥一教授（51）の研究室だ。北沢教授こそ、記者がネット上で探索した「緑色の点」の本人と判断した相手だった。

記者は手元に、ネットで集めた情報から割り出した北沢教授の半年間の行動を記したメモを持参した。どこまで正確に割り出せたのか、ひとつひとつ本人に確かめた。

○2018年9月。米ハワイ州で国際学会に参加するため出張。忙しい勤務の合間を縫って、宿泊施設「洞爺サンパレスリゾート&スパ」（北海道壮瞥町）で休息。
○2018年10月。兵庫県西宮市内の実家に帰省。神戸空港で飛行機に乗り、新千歳空港に戻る。室蘭市郊外のカフェ「宮越屋珈琲」で一息。
○2019年1月。米ミズーリ州東部のセントルイスで、無線の通信規格を議論する学会に出席。

「これ、全部あなたのことですよね」と記者が尋ねると、黙って聞いていた北沢教授がうなずいた。「プロファイリングに成功されたということですね」

ネット上のデータを集め、個人の職業や趣味・志向、行動パターンなどを推定することを「プロファイリング」という。興味を持ちそうな相手に配信先を絞り込む「ターゲティング広告」などによく使われる技術だ。

ネット広告会社は「広告配信には個人が誰なのかまで知る必要はなく、実際に特定もしない」と口をそろえる。ただ今回のように、その気になって条件もそろえば、本人の氏名や詳しい行動を割り出すことは十分可能だ。

犯罪に悪用リスクも

日本の個人情報保護法では、匿名の位置データだけでは保護すべき「個人情報」に該当しない。そのため氏名や住所、顔データといった法律で守られる従来の個人情報ほどには取り扱いが規制されず、本人の同意を得なくても企業間で共有することもできる。

裏を返せば、プライバシーが侵害されかねないリスクがあるということだ。

記者が実際にできたように、位置データからいつのまにか本人が特定され、氏名や住所、行動まで筒抜けになる可能性がある。自分でデータを渡した覚えがなくても、企業同士で勝手に共有し、それが使われることもあり得る。

さらに、こうして割り出された個人データは、本人が知らないうちに拡散し、詐欺やストーカーといった犯罪にも悪用されかねない。データを扱う企業だけでなく、ユーザー側も認識を強める必要がある。

匿名の位置情報を公開していたエブリセンスの担当者は「（位置データの公開について）利用者から事前に同意を取得している」とする一方、「位置情報が公開されることへの認識が不十分であったということであれば、記載をより明確にする余地はある」と述べた。２０１９年3月20日夜に、専用サイトでのユーザーの位置データ公開を取りやめた。

ちなみに、記者は北沢教授のプロファイリングで、ひとつ間違えた。2018年9月に北沢氏が宿泊施設を訪れたのは休暇ではなく、大学の公式行事があったからだという。「遊びだったらよかったんですけどね」。北沢教授は苦笑いした。

やってみた② 私の信用力は何点？

AIを使って様々な個人データを分析し、人を「格付け」するスコアリングが急速に広まっている。金融の与信審査での活用が目立つが、どんな仕組みなのか。2018年7月、取材班の男性記者（32）が実際に体験してみた。

職種、年収など20の質問

試したのは、2016年にみずほ銀行とソフトバンクが共同出資して設立したJスコア（東京・港）のサービスだ。銀行など店舗に行かなくても、ウェブ上で個人情報を入力するだけで、スコアに応じた利率や借入限度額がわかる。

私の信用力はいかほどか――。

Jスコアが用意している質問は全部で約160問にも及ぶが、居住地や職種、年収、家族構成など基本的な20程度の質問への回答でもスコアは出せる。まずここからスタートだ。

記者は東京都内の賃貸マンションに住む。結婚しているが、子供はいない。5分で回答を終えて入力ボタンを押すと、1000点満点中で828点というスコアが出た。

600点以上のスコアの人には貸し付け条件が提示される仕組みだ。記者の場合は金利7・6%で330万円まで借りられるという。かつて財布を紛失してカードローンを利用したときの利率は確か10%台後半だったから、今回は好条件が示されたといえるかもしれない。実際に借りる場合は、改めて正式に与信審査の依頼をし、書類の提出など追加の手続きが必要だ。

それにしても、どの要素がどのようにスコア増減に影響しているのだろうか。

試しに住居を賃貸から「持ち家」に変えてみると、スコアが一気に41点も上がった。不動産担保が評価されたのか。それとも「賃貸派」より「持ち家派」のほうが、優良顧客とみなされるのか。いったん賃貸住宅の条件に戻し、今度は住所を変えてみることにした。富裕層が多いとされる「東京都港区」ではどうか。結果は9点アップだった。

「女性」にするだけで7点下がる

驚いたのは、他の条件がまったく同じでも、性別を「女性」にすると7点下がったことだ。金利7・9%、限度額300万円と貸し付け条件も悪くなった。このシステムは女性に不利なのか。疑問に思って他にもいろいろ条件を変えてみると、女性のほうが高いスコアが出るケースもあるとわかった。結婚の有無や就職状況、子供のあるなしなどによっても点数が変わる複雑な仕組みのようだ。

Jスコアによると、スコア算出はみずほ銀とソフトバンクが持つ個人融資や携帯料金の支払い実績などのデータをもとにして設計されている。今後も融資実績などのデータを新たに加え、モデルを修正して精度を上げていくという。

残りの140以上の質問にも答えてみた。「よく使うアプリは」「テレビのサイズは」「外食頻度は」「語学力は」——。経歴や趣味のほか、毎月の通信費から性格診断まで質問は多岐に及び、回答に30分以上かかった。ドキドキしながらスコアの変動を見守ったが、実際は6点上がっただけ。少し拍子抜けした。

一見関連が薄そうなデータから、関係性を見いだすのはAIが得意とするところだ。頭ではそう理解していても「ここまで赤裸々な個人情報をさらけ出す必要があったのか」と、少し不安にもなった。

Jスコアは2018年7月から、さらに機能を拡充した。スマホの専用アプリも使えるようになった。アプリには歩数計や睡眠時間管理、家計簿などの機能も備えている。「生活習慣改善に役立ててもらうための機能」(同社)といい、利用者の同意を得たうえで、こうした実測データもスコア算出に活用しているという。あらゆるデータで個人の信用力が点数化されるようになる。

中国の電子商取引大手、アリババ集団の「芝麻(ゴマ)信用」や米国のオンライン融資仲介の「レンディングクラブ」などあらゆるデータを分析して個人の信用力を測る仕組みは、世界中で広がっている。

自分でそれを体験し、従来の金融サービスよりも有利な条件が提示されうることもわかった。だが、その便利さのために、今後、睡眠時間や家計などまで明かす気になるかどうか。簡単には答えが出ない。

スコアを算出する技術も発展途上だ。ＡＩがはじき出した点数が本当に正しいのか。使う側にとって、そんな疑問も常につきまとう。実際、日本でスコアリングの先陣を切ったＪスコアだが、その後、性別の影響を弱める修正に動いた。

第3章
採点される人生

データエコノミーの浸透により、あらゆる価値を点数化する社会が訪れた。ＡＩによる分析は埋もれた価値を発掘する一方、貧困を固定化するリスクもはらむ。

1　デジタル貧困5・4億人

2018年秋。ベトナム・ホーチミンの会社員ジョディエ・ツイさん（26）は月給の半額近い1000万ドン（5万円）のスマートフォン（スマホ）を買った。個人データが「採点」されたおかげだった。

隠れた信用を発掘

使ったのは融資アプリ「ホームクレジット」。スマホ料金の支払い記録やフェイスブックの友人などのデータが900点満点で評価され融資条件が決まる。点数は本人に明かされないが、ツイさんは月利1％で600万ドンを借りた。「とても簡単だった」

スコア融資は東南アジアやインドなど金融インフラが乏しい地域で利用者を増やす。銀行のような勤務先や収入の確認など書類だらけの審査はない。主にスマホからの生活データで信用を測る。

世界銀行によると、銀行口座がない層は世界に17億人に上る。だが3分の2は携帯電話を持つ。スコア融資は従来の金融が見過ごした信用を発掘し、起業などの機会につなげる。

スコア技術の活用を巡る競争が世界で始まっている。韓国の決済サービス大手、カカオペイは2017年、世界最大のスコアシステム「芝麻（ゴマ）信用」を展開する中国のアリババ集団系と資本提携した。「韓国版のゴマ信用を生む可能性がある」（カカオペイ）。韓国政府は個人情報保護の規制緩和を検討して後押しする。欧米や日本でもスコア融資の参入が相次ぐ。

ただスコアが常に弱者を救うとは限らない。デロイトトーマツコンサルティングは2019年4月、「30年までにG20（20カ国・地域）で最大5・4億人の『バーチャルスラム』が生まれる」と試算した。15〜64歳の生産年齢人口の6人に1人が、貧困に陥ると予測する。

バーチャルスラムは、今後現れるとみられる新たな貧困だ。個人のスコアが就職、住宅の賃貸など多くの分野で共有されれば低スコアの人は全てからはじかれる。就職に失敗し低賃金の仕事を転々とすれば、さらに得点が下がる負の連鎖が起こる。「深刻で抜け出しにくい苦境に陥る」（矢守亜夕美マネジャー）。

新たな貧困の登場に最も近いとみられるのが中国だ。民間のゴマ信用のスコアは購買履歴や交友関係などを網羅する。政府も個人情報を管理し、過去に不正を犯した人に航空機の利用などを禁じている。官民双方からデータ管理がさらに進めば、信用が低い人が社会全体から排除されかねない。

「差別を再生産」

社会の差別や偏見を助長する危険もある。2019年3月の米ロサンゼルス市警察本部。抗議する100人以上の市民を前に、マイケル・ムーア本部長が唇をかんだ。「データの使い方を見直します」。2011年から使う犯罪予測システムが、やり玉に挙がった。

AIが過去の捜査情報を分析し、犯罪を起こしやすい人物や地域を示した。犯罪は一部で減ったが、「黒人などへの過剰な取り締まりにつながった」と指摘された。過去の捜査に人種差別の影響があり「差別を再生産した」と批判を呼んだ。

データから生まれるスコアが、人生や社会の行方も左右する。誰も見たことのない新たな世界が近づいている。たじろぐだけでは、始まらない。

国連世界食糧計画（WFP）は、新たな難民支援を検討する。祖国での教育や職歴などの記録を逃れた先に持ち出せる取り組みだ。WFPが支援した61カ国3000万人以上のデータをもとにする。

難民の多くは祖国の記録を失う。スコア評価の対象にもなれず、ホームレス同然に追い込まれる。「過去を持ち運べればゼロから出発する悲劇を防げる」。WFPのエンリカ・ポルカリ最高情報責任者は期待する。

データエコノミーを支える技術は、時にリスクになる。同時に企業や国の枠組みを超え、世界の難題を解く潜在力も秘める。どう制御するか。豊かさに導く道を考えるときが来ている。

【キーワード】

バーチャルスラム

人工知能（ＡＩ）で個人の信用力を数値化するスコアリングは便利さをもたらすが、「バーチャルスラム」とも呼ばれる新たな貧困を生み出すとの懸念が広がる。機械的なデータ分析でいったん低い評価を受けると、あらゆる社会サービスから除外され、その状態からなかなか抜け出せなくなる状態だ。そうした状態が広がれば、格差の固定化を招きかねない。

スコアリングの代表格がＡＩを使った与信審査だ。「信用スコア」と呼ばれ、収入や借り入れ状況をもとに個人の信用力を点数にする。高いスコアを得れば、低利融資などの恩恵を受けられる。

代表例が米専門会社のフェア・アイザックが算出する「ＦＩＣＯ」だ。８５０点満点でユーザーのスコアを出す。「貧困」とされる５７９点以下の層は全体の16％。クレジットカードの発行やローンの審査で不利になる。

現在、スコアは主に金融分野で使われているが、今後は就職や賃貸住宅、婚活サービスなど金融以外のあらゆる分野で共有されていくことが予想されている。いったん低スコアになった人は人生のあらゆる場面で不利な状況に置かれ、再挑戦する機会すら失われる可能性がある。

慶応義塾大学の山本龍彦教授はこうした状態を「バーチャルスラム」と表現し、貧困層の拡大と固定化につながる恐れがあるとの懸念を示す。

山本教授は「ＡＩの判断の根拠を明確にし、低スコアから抜け出す方法を示すことが重要だ」と話している。スコアが深刻な貧困問題を引き起こさないように、活用法の工夫が必要だ。

2　偏るレビュー社会

2019年4月、週末深夜の米シリコンバレー。配車サービス「ウーバー」の運転手、エバレット・ディアスさん（57）は気が気でない。乗客を降ろすたびに愛車ホンダ「アコード」の後席に回り、シートの汚れや紙くずが残っていないか確認する。「スコアを下げられたらたまったもんじゃない」

大量の購買データであらゆる商品やサービスを採点する。企業や働き手もそうしたスコアリングにさらされる日常が広がり始めた。

乗客の「接待」に必死

ウーバーは乗客が運転手に最高「五つ星」の5段階評価を下す。一定水準を下回れば、待つのは乗客の割り当てを減らされるなどのペナルティーだ。激戦区のシリコンバレーの場合は「4・6」を切れば職を失う。「4・92」のディアスさんもうかうかできない。

「タホ湖に行きましたか。5月か6月がお勧めですよ」。車中では乗客の「接待」に励み、トランクには無料で配るペットボトル飲料の山だ。2018年初頭、肩を痛めて建設作業員から転職した。週の稼ぎは1700ドル（約18万円）と豊かになったが、スコアに一喜一憂する日々が続く。

口コミ情報や噂も評価（レビュー）として「見える化」する。データの世紀は勘や経験すらも数値化し、生活を格段に便利にするサービスを生んだ。だが土台となるデータに、バイアス（偏り）も混じり込む。

鉄鋼の街、米ピッツバーグ市。2019年4月、児童相談員のジェニファー・サージェントさん（25）は地元小学校から緊急連絡を受けた。「不登校児がいる。家で満足に食事を取れていないかもしれない」。パソコンに瞬時に「中位の虐待リスクがある」と警告が表れた。

児童虐待の予測システムが導入されたのは2016年。出生届や健康情報、保護観察の履歴をもとにAIが20段階でリスクをはじき出す。人手不足を補う狙いだったが、責任者のエリン・ダルトンさんは「どんなデータを使うかは常に悩ましい」と話す。

実際、住民から「貧困家庭ばかり狙い撃ちされる」と批判が上がり改修を迫られた。現在は人種データの利用を見送っている。「精度だけを考えればいいわけではない」。最適解を求めダルトンさんは悩む。

つきまとう恣意

データを生むのが人である以上、そのデータを基準にするスコアも人の恣意性が入り込みかねない。

２０１９年2月、米アマゾン・ドット・コムに健康サプリを出品するナット・ジェイコブス氏はうな垂れた。「消費者とルールに従う企業に損害を与える」。手にしたのは米連邦取引委員会（ＦＴＣ）から届いた訴状だ。

発端は２０１４年。「１０００ドル払うから、五つ星で４・３の高評価を保ってくれ」。専門業者にメールを送ると、即座に10件超のレビューが商品の称賛コメントとともに登録された。金銭と引き換えに評価を上げてもらう「偽レビュー」に手を出してしまったのだ。

「ダーティー（汚れた）データがＡＩなどの予測機能を損なわせる」。米ニューヨーク大学のジェイソン・シュルツ教授は警告する。玉石混交のスコアを見極められるか。使う側の我々が曇ったままでは、虚構だらけの世界が来てしまう。

【キーワード】
フェイクレビュー

「新商品です。五つ星レビューを確認でき次第、返金します」。SNS（交流サイト）のフェイスブック上にはこんな募集投稿であふれかえるページがある。

その商品を実質「無償提供」する代わりに、アマゾン・ドット・コムの商品評価（レビュー）欄に最高スコアの「五つ星」を付けてもらう。広告であることを隠したまま、口コミのように商品を称賛する内容を書き込む「ステルスマーケティング」の一種だ。

こうした手法は「フェイク（偽）レビュー」と呼ばれ、世界的に広がりを見せる。日本でもフェイスブック上で電化製品から衣類、日用品と手広く偽レビューが募られている。案件を提示するのは広州市や深圳市などの中国在住者が目立ち、企業から相応の手数料を受け取っているとみられる。

米グーグルも2018年12月、アプリ販売サイト「グーグルプレイ」で数百万件の偽レビューを削除したと発表した。作為的なレビューは飲食店予約や旅行比較サイトでも横行しており、各国の規制当局も神経をとがらせる。

ＦＴＣが２０１９年2月に提訴した米企業は、金銭と引き換えに減量サプリの偽レビューを求めたことが「消費者を混乱させる」と判断された。偽レビューを投稿する専門業者とのメールのやり取りなどが証拠とされ、ＦＴＣによる初の偽レビュー摘発につながった。

「21世紀のレビュー情報は、20世紀型の信用履歴より大きな力を持つようになる」と英オックスフォード大学講師のレイチェル・ボッツマン氏は指摘する。配車や民泊といったシェアリングサービスが台頭し、個人による評価の蓄積が新たな社会の基礎になるとみている。ただその情報に操作の余地があれば、せっかくの可能性も揺らぎかねない。

3　未完成の審査ＡＩ

２０１８年秋。個人向け融資サービスのＪスコア（東京・港）の会議室で、経営陣が議論を続けていた。

「男女差別と誤解されかねない」

「だがデータは正しい」

スコアに男女差

Ｊスコアはみずほ銀行とソフトバンクが共同出資する企業だ。学歴や趣味、性格などからＡＩが１０００点満点のスコアを出し、貸し付け条件を決めるサービスを２０１７年９月から始めた。約1年で「年収や職業など他の条件が同じでも、性別を男性から女性にするだけでスコアが下がる」との指摘が寄せられていた。

最高情報責任者の大久保秀彦氏は悩んだ末、性別の影響を弱める修正に踏み切った。分析の精度が下がる恐れもあったが、「人権に配慮していると理解されるのが最優先だ」と判断した。スコア融資は日本に登場して間もなかった。利用者の信用を損なえば、事業そのものが台無しになるとみた。

スコアリングを支えるＡＩは膨大なデータを分析できる。だが、その予測にすべてを委ねられるほど技術は成熟していない。

「任せるのはまだ早い」。ＪＴは２０１８年、インターン（就業体験）の選考で「ＡＩ面接」を試行したが、新卒採用に導入するのは見送った。面接官が見逃す人材を拾い上げることを期待したものの、実際の面接との評価が違いすぎた。スマートフォンから延々と流れる人工音声の質問に学生はうんざりし、担当者は「むしろ逆効果」と感じた。

与信や人事など担当者の経験や勘がものをいってきた分野で、スコアを判断基準に替えようとする試みが進む。だがどこまで頼ることができるのか。なかなか正解がみえない。

社員の反発危惧

従業員のメールの文面をＡＩが分析し、不正の兆候や離職する可能性を測るシステムの導入も広がっている。ある大手製薬会社は研究データの漏洩防止策の切り札として検討したが、「監視されると知った社員が反発しかねない」との反対意見が出て断念した。データ分析で業務の効率を上げても、従業員のやる気をそげば本末転倒になってしまう。

「任せすぎない」というアプローチを試みる企業もある。就職情報サービスのリクルートキャリア（東京・千代田）だ。社内の人事異動に積極的にデータを活用する。独自のＡＩで従業員の性格などを分析し、能力スコアを算出。「持ち味が発揮できるのは営業職」などと適性を予測する。一方で人事部の加藤宏紀マネジャーは「ＡＩの判断はあくまで人事担当者の参考情報に過ぎない。重要なことほど人が決めないと、本人の納得を得られない」と強調する。ＡＩを補助的な役割にとどめ、折り合いをつけているという。

だが、それでもなお「何が適切なデータの取り扱いか」という判断は難しい。人事ＡＩに関する取材から約４カ月後の２０１９年８月、まさにこのリクルートキャリアが運営する就活サイト「リクナビ」で就活学生の内定辞退率の予測データを企業に販売していた問題が発覚した。データ活用に細心の注意を払っているという対外的なアピールとは大きく食い違うような、雑なデータ管理の実態が明らかになった。

ＡＩ利用では人が判断と決定を下す必要がある――。２０１８年３月に政府がまとめたＡＩ社会原則は「人間中心」の考え方を示した。データから導かれたスコアを利用できる場面が増えるほど、人の責任はむしろ重くなっていく。

【キーワード】
HRテック

採用や労務といった企業の人事分野で、データを駆使する新たなテクノロジーの普及が進む。人事（ヒューマンリソース＝HR）にテクノロジーをかけ合わせることから「HRテック」と呼ばれ、新サービスが続々と生まれている。

HRテックは社員の特性や能力を「見える化」する技術だ。業務の効率化や社員の生産性向上を狙って導入する例が多い。AIなど関連技術が進化し、一部業務の代行も可能になってきた。

HRテックの効果が特に期待される分野のひとつが採用業務だ。例えばソフトバンクは新卒採用で学生のエントリーシートの判定に使う。

人事担当者が判定した膨大な過去データをAIに学ばせ、次の選考に進む候補の振り分けを自動化した。文面から「IT（情報技術）に関心がある」「海外事業に挑戦したい」といった学生の特性を割り出し、求める人材像とどれだけ合っているかをスコア化する。

導入によって1次選考にかかる時間を75％削減できた。書類作業などの手間も省け、採用担当者が学生と直接面談する2次選考以降の時間を十分確保できるようになった。ただ、ＡＩが不採用と判断した学生のエントリーシートは、必ず人が目を通して1次選考の合否を判断するようにしている。

社員の離職を防いだり、働きやすい職場環境をつくったりするためにデータを活用するケースも増えてきた。勤怠記録や考課表、従業員アンケートをＡＩが読み込み、各社員の「退職リスク」を数値化する。分析結果をもとに上司がフォローする仕組みだ。日本ではＡＩ開発のフロンテオやサイバーエージェントが手がける。

ミック経済研究所によると、ＨＲテックの国内市場は2023年度に現在の4倍の1020億円に拡大する見通しだ。成長は続くが、課題もある。ＨＲテックも人が生み出すデータを基準にする以上、バイアスが混在しかねない。採用などでの不当な差別を防ぐため、使う企業は透明性の確保が欠かせない。

4　スコアを取り戻せ

SNS（交流サイト）のフェイスブックなどがひそかに収集している個人情報。広告費に換算すると、いくらになるのか。アルゼンチンが拠点のスタートアップ企業、ウィブソンは1人あたり年240ドルと試算する。

それに目を付けた同社は、個人情報の売買アプリを開発した。個人の居場所やSNSへの投稿、端末の情報などを自分の選んだ企業に直接売れる。利用者は仮想通貨（トークン）で対価を受け取る仕組みだ。

売買が6万件成立

スペインに住む技術者のジョエル・フェレーロさん（26）は、2018年夏から自分のデータを延べ数十社に売却した。受け取ったのは計1500トークン。金額に換算すると約1ドルにすぎないが「利用者が増えればトークンの価値が上がるはず」と先行投資の感覚だ。

ウィブソンは2019年3月、東京・銀座で日本向け説明会を開いた。世界で利用者は1万4000人、成立した売買は6万件を超す。「自分のデータをどこに出し、どう使われるか選ぶ時代になる」と責任者のエイドリアン・エルトルテグイ氏は話す。

利用者の知らないところで個人がスコアリング（点数化）され、値段がつく時代。弊害も指摘されるなか、スコアの主導権を利用者が取り戻す試みが広がる。

偏った情報を排除

「ヴィムン（ベトナム語で、喜ばしい）」

「ムイアプロピアド（スペイン語で、非常に適切）」

2018年末、ブロックチェーン（分散型台帳）技術が盛んなスイス・ツークの新興企業、コレンディが「公正な」信用点数化サービスを公開すると、世界中から賛辞が寄せられた。

既存のスコア技術は地域や文化によって偏りがちだ。コレンディは性別や人種など偏見が入るデータは使わない。データ販売業者が持ち込む出所不明の情報も排除し、世界で通用する点数を導き出す。利用者は120カ国に広がった。

安易にスコアをつけられたくないという利用者の感覚には企業側も敏感だ。

2019年3月、家計簿アプリのマネーフォワードはデータの使い方を研究するラボを設立した。家計簿は買い物の記録など個人の生活に密着したデータの宝庫だ。中出匠哉取締役は「これまでにない、より正確なスコアレンディング（融資）も可能になる」と話す。

ただ「ユーザーがどう感じるかが重要だ」と慎重に進める考えだ。新たな収益源を模索する企業にとって眠った顧客データの活用は不可欠だが、利用者の反発を招いては元も子もない。

スコアが当たり前になる社会は近くまで来ている。「採点者」は米国のグーグルやフェイスブックなどのＧＡＦＡだけではない。新たなテクノロジーが次々生み出されるなか、立ちすくんではいられない。

「個人は機械だけに重要な決定を左右されない権利を有する」。欧州連合（ＥＵ）は２０１８年５月導入の一般データ保護規則（ＧＤＰＲ）でこう定めた。日本も同様の制度を検討するが、問われるのは土台となる思想だ。正と負の両面を持つスコアを使いこなし、いかに人生を豊かにしていくか。ルールをつくり、決めるのは我々自身だ。

【キーワード】

分散型スコア

金融とITを掛け合わせるフィンテックは信用スコアの進化も促す。新たな潮流が仮想通貨の基盤技術として発達したブロックチェーンの活用だ。重要データを分散して管理する仕組みを生かし、より便利にスコアを使えるようにするといった試みが広がる。

分散型スコアの特徴は、特定企業に個人データの管理を委ねなくて済む点にある。企業のシステムで集中処理するのではなく、ユーザー同士でデータを管理し合うからだ。さらにスマートフォンやSNSの利用データなど幅広い情報も加味する。利点は主に3つある。

第1は大手による「スコア独占」の弊害を減らせることだ。米国は「FICO」、中国なら「芝麻（ゴマ）信用」が事実上の標準として普及する。だがこれらのスコアでいったん低い評価を受ければ生活が不便となり、そのまま格差も固定しかねない。ほかに選択肢があれば、大手で低評価を受けたユーザーも挽回の可能性が出てくる。関連技術を開発するスイス・コレンディは「既存スコアだけでは、世界で約30億人が信用上の無価値か融資不能とみなされる」と指摘する。

国境をまたいだスコア利用も容易になる。例えば日本から米国に転勤すると、米国での金融履歴がないため必要なスコアを得られず、住居を探しづらいことがある。分散スコアはＳＮＳなど世界共通の多様なデータから信用力を割り出すため、特定の国の金融情報などが不要となる。

そして安全性の高さだ。個人データを集中管理する大手の従来型スコアと違い、分散型の記録であれば改ざんは難しい。システムが攻撃を受けた場合でも、意図せぬ大量流出などのリスクを減らせる。

ただ分散スコアも新たな独占を生む可能性はある。多くの企業の参入を促し、利用者が使いやすいスコアを選べる環境づくりが欠かせない。

やってみた③　Ａｍａｚｏｎが偽ブランド品推奨？　ＡＩが見過ごす

「Ａｍａｚｏｎ（アマゾン）で、大手ブランドの模造品販売が野放しになっている」――。

偽ブランド品問題に取り組む日本の専門家の間で、そんな声が上がっている。他の通販サイトよりも審査が甘く、悪質業者による不正な出品が集中しているという。批判は本当なのか。取材班が米アマゾン・ドット・コムの日本サイトで模造品の有無を探り、自分で出品者登録もして確かめてみた。

アマゾンはＡＩを駆使した不正検知システムなど模造品対策に力を入れることで知られる。記者が見つけたのは、アマゾンの不正対策の「抜け穴」の意外な多さと、信用低下につながりかねない対応の危うさだった。

業者のウソを「見逃し」

２０１９年2月以降、記者はアマゾンのサイト上で模造品の出品を探った。するとたちまち、仏高級ブランド「ゴヤール」のバッグやドイツの「ＭＣＭ」の財布など多くの模造品が出品されているのをみつけた。いずれも正規の新品として出品されているが、表示価格は本来の値段の半額や10分の1以下となっていた。

購入して専門家の査定を受けると、ことごとく模造品と判明した。東京都内の百貨店にあるゴヤールの正規店の従業員は、ひと目で「正規品ではないですね」と苦笑いした。悪質な業者からの不正な出品だった。試しに水に濡らしてみると染料がすぐに落ちるような粗悪品だ。

アマゾンは不正を見逃しただけでなく「お薦め商品」にさえしていた。同社には、サイトに出品された商品のうち、アマゾンが特に推奨するものに「アマゾンズ・チョイス」のマークを付ける仕組みがある。記者が確認しただけで20点以上の模造品が、このマークの対象に選ばれていた。

業者に連絡しようと、アマゾンに登録されている情報を確かめると驚いた。登録情報の多くがウソだったからだ。電話番号は桁が通常よりも1つ多くて不通だったり、住所が存在しない番地だったりした。ゴヤールの模造品を売っていた業者が登録していた住所は愛知県刈谷市となっていたが、記者が訪れるとそこは新築アパートの建設現場だった。事務所は見当たらず、連絡も取れなかった。

模造品防止の取り組みについてアマゾンジャパン（東京・目黒）に聞くと、「模造品の販売は厳しく禁じている」と強調した。ＡＩで画像などのデータを分析する、不正検知システムも整備しているとの説明だった。一方、ブランド品の権利保護団体「ユニオン・デ・ファブリカン」（東京）の堤隆幸・事務局長は「担当者による登録情報の確認などの取り組みは弱い」と指摘する。

どちらの言い分が正しいのか。記者は自分でアマゾンに出品者登録をして試した。アマゾンと同様に業者からの出品が多い楽天にも登録を申し込み、審査の内容を比べた。ただし、実際に出品はしない。

登録手続きにスキ

登録に利用したのは、記者の私用のメールアドレスとクレジットカードなどだ。虚偽の情報がチェックされるか確かめるため、電話番号と住所だけは、わざと間違えて存在しないものを入力した。

反応が早かったのは楽天だ。登録手続きの途中の段階で担当者から「お電話しましたが、ご不在でございました」とメールが届いた。さらに身元確認のため、住民票や印鑑証明書などの提出を求められた。虚偽の情報があれば登録できない仕組みになっていた。登録審査に2週間以上かかる。登録後でも、模造品の出品がひとつでも確認されれば出品を全面的に禁じる可能性があると、規約で定めている。

一方でアマゾンの出品者登録は、実質的な審査はクレジットカードの認証だけだった。存在しない電話番号と住所に対する指摘はなく、数時間で登録が完了した。その後、1カ月以上たっても、担当者からの指摘や確認はなかった。

アマゾンが消費者からの不正の指摘にどう対応するかも、確かめてみた。まず実際に購入したゴヤールの模造品について、サイトの口コミ評価に「この商品は模造品でした」と投稿した。しかし投稿は表示されず、アマゾンから「公開できませんでした」とのメールが来た。内容が規約に違反しているとの説明だった。同社は他人の悪口や嫌がらせの投稿をガイドラインで禁じている。

記者は2019年3月から4月にかけて模造品と確認した8点以上について、不正を指摘する投稿を繰り返した。だが全て「ガイドライン違反」との理由で、非公開となった。不正な出品だと他の消費者に警告したかったが、かなわなかった。

信用揺るがすリスクも

アマゾンは「GAFA（グーグル、アップル、フェイスブック、アマゾン）」と呼ばれる米ネット大手4強の中でも、今後の潜在的な成長力が最も大きいとの見方もある。ネットを通じて膨大なデータを集めるだけでなく、物流やデータセンター、実店舗などのインフラも持ち、世界の小売市場で圧倒的な地位を築きあげているからだ。アマゾンは年間1657億ドル（約18兆円）を売り上げ、米国のネット通販で約半分のシェアを握る。日本でも利用者が4000万人を超え、売上高は約1兆5300億円と、楽天をしのぐ規模に成長してきた。

だが不正出品に対する審査の甘さは、盤石にみえるアマゾンの足をすくう問題につながる可能性がある。サービスの効率や使いやすさを追求するあまり、不正な出品への対応にスキをみせれば、アマゾンそのものの信頼を損ないかねない。

アマゾンジャパンは2019年4月、有料会員「プライム」の年会費の値上げを発表した。ネット上には「値上げするなら出店者の管理をしっかりしてほしい」との声が出るなど利用者の目も厳しくなる。偽ニュースの氾濫や個人データの取り扱いの不備から、世界的な批判を浴びたフェイスブックの事例は対岸の火事ではない。

アマゾンは「不正防止に力を入れている」と強調する。しかし出品手続きでは楽天より確認作業が少なく、実際に出品された商品への「模造品」との指摘への反応も薄いのが実態だ。

一方で返品の手続きは迅速だった。悪質な業者とは連絡がつかなくても、商品の発送や返品手続きはアマゾンが代行するため問題は起きない仕組みだ。模造品と判明した商品を返送すると、1週間以内に送料も含めて全額が返金された。1人の消費者としては、ほとんど不満は感じなかった。

返品手続きがしっかりしていれば、消費者側の損害は最小限に抑えられ、苦情も出にくいのかもしれない。だが本当にそれでいいのか。改めてアマゾンに聞いてみた。「不正防止の取り組みが不十分ではありませんか。企業の社会的責任を果たしていないのではないでしょうか」。アマゾンジャパンの広報は、「真摯に受け止め、引き続き不正防止に取り組んで参ります」と回答を寄せた。

2019年3月に記者が購入し、「模造品だ」と指摘したゴヤールのバッグは、4月半ば時点で今もアマゾンに出品され続けていた。

やってみた④　読者1人獲得に17円、ターゲティング広告出してみた

世界で20億人以上が利用するSNSを運営する米フェイスブック（FB）は、4兆円を超す売上高のほぼ全てを、利用者の画面上に表示する広告で稼ぎ出す。広告主から人気が高い理由は、対象者を年齢、居住地から趣味、年収、政治思想まで、多様な条件で絞り込めるから。仕組みや効果を知るため、試しに広告を出してみた。

自分の記事を広告に

今回PRするのは、山を走るトレイルランニングに関する日経電子版の記事だ。取材班の記者が2018年5月に阿蘇山（熊本県）で開かれた大会に出場し、体験記事を書いた。この記事のリンクを「広告」として他人のFB上に表示させる。私自身、FBで見た広告をクリックすることは少ないが、一体どれだけの人が読んでくれるのか。

記者個人のFBのトップページから「広告を掲載」をクリックすると、早速配信する広告の設定画面に移った。「認知度アップ」「動画再生回数アップ」など、13種類の目的が選べる。P

Rの狙いは記事の閲覧者を増やすこと。迷わず「トラフィック」を選択した。

続いて対象者を絞り込むターゲティングに移る。年齢は1歳刻み、居住地も特定の自治体や「半径20キロ以内」といった指定が可能だ。今回は「東京都内に住む26～55歳」とした。トレランに興味がありそうな人を狙い、「趣味・関心」に「トレイルランニング」「登山」「マラソン」などを指定した。これらに関心がある、とFB側で判断した人にのみ広告が配信される。

掲載期間や費用も1分、1円単位で調整できる。今回は1日1000円で2日間運用してみる。FB側の推定は「1日1300～7000人に広告を表示し48～300人がクリックするだろう」。果たして結果は。

48時間で2000円、読者の属性ひと目で

「お、読まれている」。広告の掲載が始まると、管理画面には表示した件数やクリック数などの成果がリアルタイムで更新される。徐々に数字が増える様子につい見入ってしまう。表示した人の性別、年齢層の割合もグラフでわかる。

ふむ、読者の9割は男性なのか。広告表示も45～54歳が最も多いようだ。48時間できっちり2000円を使い切り、掲載は終了した。

2日間で計2143人が記事の広告を見て、5％にあたる117人が記事を読んでくれた。FBの推定通りだ。広告表示1回で0・93円、読者1人獲得に17・09円を投じた計算になる。

対象者を特定しない広告では、閲覧率は「1%を切るくらい」(ネット広告関係者)。それに比べるとFBの広告効果は5倍以上だ。

これがターゲティング広告の妙か。感心すると同時に驚いたのは、絞り込みの設定の細かさだ。「大学卒」「技術者」「海外駐在員」といった指定はもちろん、「高価格品を好む」なら高所得者、「特定の郵便番号」ならご近所さん、「交際に関する記念日が近い」ならパートナーにプレゼントを考えている人かもしれない。

こうした属性の絞り込みは、FB側が利用者の投稿や「いいね!」、位置情報を分析して判断する。言い換えると、私たちが日々大量のデータをはき出すからこそ、精度の高い分析が可能になる。買おうと考えていたものをお薦めされるなど、気味が悪いほど個人情報を的確にとらえた広告に出合う理由が少しわかった。

政治思想もターゲットに

米国限定の機能として「穏健な保守」「強硬なリベラル」といった特定の政治思想を持っていると思われる人に広告を配信することもできる。政治的な主張を拡散し、投票行動などを促したいと思ったら、これほど便利なツールもない。誰でも簡単にできるということは「フェイクニュース」の拡散を狙う悪意を持った広告主にとっても使いやすい仕組みなのだ。

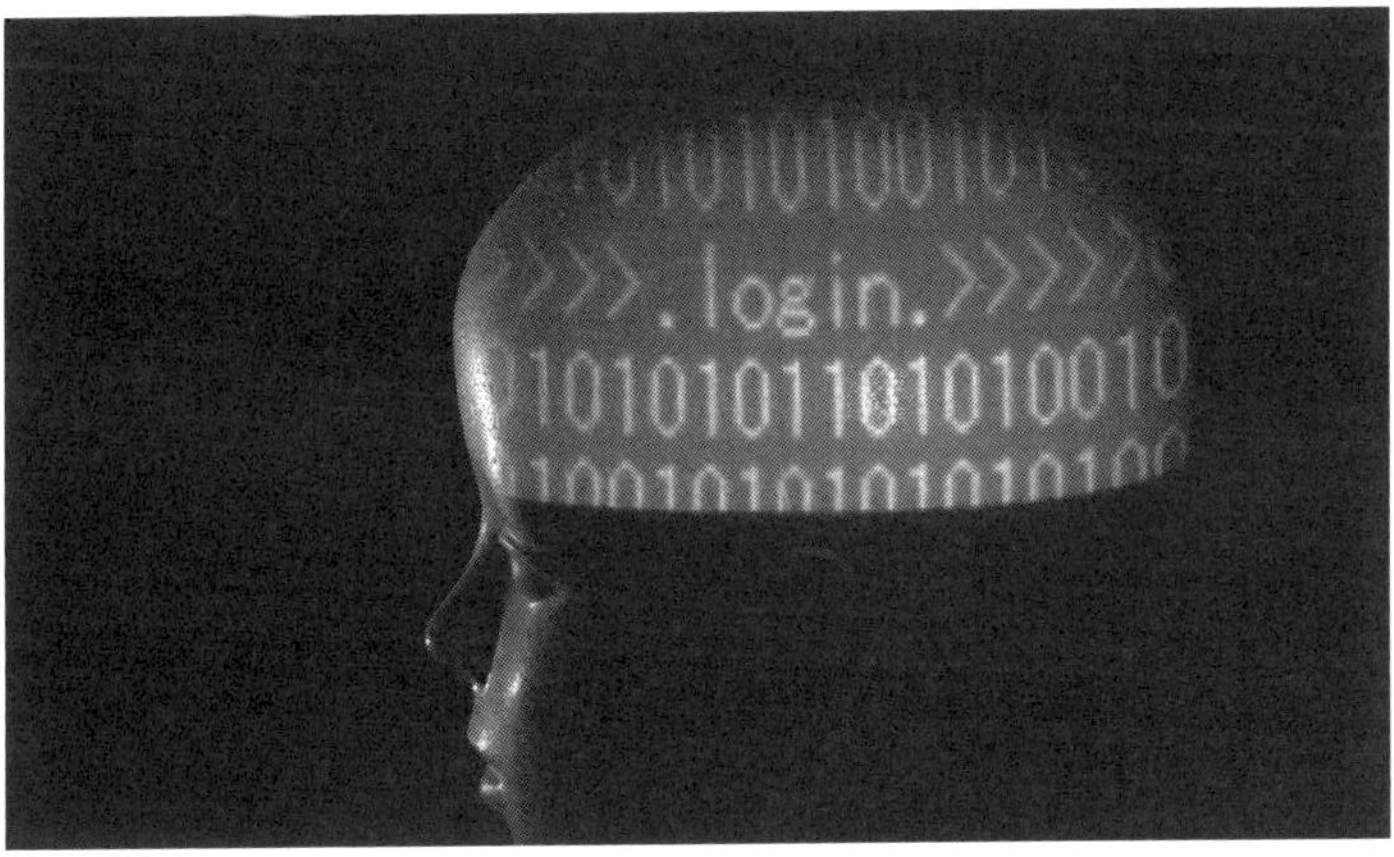

第4章

数字が語る

データエコノミーの変化のうねりは様々な数字から読みとれる。日本の産業界にとどまらず、アカデミズムや安全保障の分野にまで及ぶ実態が浮かび上がる。

1　主要企業の47%――明示せず個人データを外部提供

データエコノミーの世界では、あらゆる個人データが広範囲に共有される。日々の暮らしを便利にするサービスが生まれる一方、使われ方次第で氏名や住所、収入なども特定されかねない。利用者が意図しない形で、そのデータが拡散してしまう懸念も強い。

その実態を明らかにするため、取材班はデータ管理サービスのデータサイン（東京・港）と共同で、２０１９年2月1日に独自調査を実施した。

ネット通販など国内で消費者向けサイトを運営する主要１００社を対象に、それぞれの公式サイトを特殊ソフトで解析した。その上で2月21日までに、各社に結果を示して対応状況を聞き取った。

調べたのは各社のログイン画面だ。

ネット観覧履歴など拡散　主要１００社調査

ログイン画面はメールアドレスやパスワードなどの重要情報を入力するため、他のページより慎重な管理が求められる。調査の結果、2月1日時点で89社が利用者のデータを外部に送っていた。共有されたのは主に「クッキー」と呼ぶ閲覧履歴データ、端末情報、ネット上の住所にあたる「IPアドレス」などだ。

さらに各社の利用規約などの説明対応を調べた。そうすると全体の5割の47社が具体的な提供先を1社も示さず、個別に共有を止める拒否手段も備えていなかった。

共有先が最多だったのは、全日本空輸のサイトだ。55社による70の外部サービスにデータが渡っていた。規約で「(各種キャンペーンなど)目的達成に必要な範囲で収集する情報を第三者に提供できる」とするが、具体的な提供先は開示していなかった。

全日空は「提供先各社とはデータを個人情報として利用できない契約を結んでいる」と説明した。同様にDMM・comや三井住友カードも共有先は非開示だった。

共有されたデータの中でも、最も多く外部とやり取りされていたのが「クッキー」情報だ。クッキー情報からはユーザーが使う閲覧ソフトごとに、どのサイトをいつ訪れたかなどがわかる。ネット上の行動から個人の好みや生活状況を推測し、効率的に広告を配信する「ターゲティング広告」などに使われる。

クッキーそのものは個人名などを含まず、個人情報保護法が定める「個人情報」には当たらない。他社と共有しても、そのこと自体は違法ではない。

ただ、他のデータと容易に照合して個人が特定できる場合は守るべき個人情報となり、取得や外部提供に本人同意が必要となる。法的な位置づけは曖昧だ。

データの共有先が多かった上位20社

サイト運営企業（サービス内容）	共有先の数	共有先の開示
全日本空輸（航空便予約）	70	
DMM.com（コンテンツ配信）	65	
オイシックス・ラ・大地（食品通販）	52	○
エイチ・アイ・エス（旅行予約）	51	○
三井住友カード（クレジットカード）	50	
スターフライヤー（航空便予約）	50	
オリエントコーポレーション（クレジットカード）	49	
オンワードホールディングス（衣料品通販）	49	
ディーエイチシー（化粧品通販）	47	
ベルーナ（ネット通販）	45	○
高島屋（百貨店通販）	45	
ローソンエンタテインメント（チケット販売）	45	
大日本印刷（電子書籍）	41	○
マイナビ（就職活動）	40	○
エクスペディア（旅行予約）	40	○
パーク24（カーシェアリング）	39	
アスクル（オフィス用品通販）	39	○
QVC ジャパン（テレビ通販）	37	○
大和証券（ネット証券）	34	○
メガネトップ（眼鏡通販）	33	

（注）2019年２月１日時点。共有先の数はログイン画面が対象。開示は別画面分も調べ、１社以上あれば○とした

今回の調査では、より把握が難しい2次や3次の流通先へのデータの広がりも明らかになった。影島広泰弁護士は「クッキーと別の名簿などを合わせれば個人が特定できる。プライバシー侵害にもなりうる」と話す。

2018年末には米フェイスブックが150社超に、利用者の連絡先などの個人情報を提供していたことが発覚した。企業がデータを持ち寄り、新サービスを生む試みは広がるが、消費者の理解を得ないままのデータ共有には日本でも懸念が強まっている。

EUでは義務化

クッキー情報など個人のネット上の行動を示すデータの扱いについては、世界的に規制の動きが相次ぐ。

代表例が欧州連合（EU）の一般データ保護規則（GDPR）だ。クッキーも個人情報と定め、収集や外部提供に「明確な説明」を義務付ける。

日本企業も他人事ではない。

2019年1月には、EUが日本の個人情報保護の水準がEU並みと認める「十分性認定」を決定した。日本企業は欧州からデータを移しやすくなった一方、厳しい説明義務を課せられるようになった。EUは日本の個人情報保護のレベルがEU並みか定期的に確認するが、欧州法に詳しい杉本武重弁護士は「日本企業のデータ保護に不備があれば査定に影響しかねない」

と話す。日本の個人情報保護委員会も「クッキーなどが提供先でどう使われるか企業は把握して説明すべきだ」とする。

「狙う広告」成長で副作用

「データ共有100社調査」からは、利用者が気づきにくい形で企業のデータ共有が広がっている実態が浮かぶ。「クッキー」などの利用データは最初の提供先から「2次・3次」の流通先へと渡り、サイト運営企業も把握しきれないケースが多い。

「対策に力を入れていたが、ここまでだったとは」。大日本印刷の電子書籍サイト「ｈｏｎｔｏ」の担当者は、調査で検出したデータ共有先一覧を見て顔をしかめた。

利用者を増やすため、同社は外部の広告配信やデータ分析などのサービスを積極活用する。導入時には集めるデータの範囲や目的、安全性を確認。共有を拒否できる手段も規約に追加するなど、細かな対策を取ってきた。

ただ検出した41件のうち規約で明記していたのは、ヤフーやサイバーエージェントなど10社が提供する11件のサービスだけだった。残る22社、30件については、直接導入した覚えのない広告配信やデータ収集用の外部サービスが含まれていた。

今回の調査はユーザーが重要情報を入れる「ログイン画面」を対象にした。他のページに比べ、厳格なセキュリティー管理が求められるためだ。

クッキーはサイトの画面ごとに発行され、受け取る企業や団体の多くはそのページを構成するプログラムの一部にアクセスできるようになる。技術的には画面の設定書き換えなども可能だ。2次・3次も含めてデータ流通先が悪意のあるハッカーに乗っ取られれば「利用者を偽サイトに誘導するなどして、パスワードやカード番号が漏洩しかねない」（EGセキュアソリューションズの徳丸浩社長）。

こうした事態を防ぐには、サイト運営企業も事前にデータ共有の全体像を把握しておくことが欠かせない。だがそれを難しくしている第1の要因が「ターゲティング広告」市場の急膨張だ。日本でも1兆円産業となり、参入企業が急増するひずみを生んでいる。

大日本印刷の2次・3次の流通先には、データ販売会社や海賊版サイトへの広告配信に関わっていた企業も含まれる。ネット広告の業界団体、日本インタラクティブ広告協会は「クッキー情報なら自由にやり取りしていいと誤解している企業は多い」と指摘する。

大日本印刷のケースも、1次共有先からデータが流れた可能性がある。

第2が「部門縦割り」の弊害だ。ネットを使った販売促進活動は多くの企業で業務が広告宣伝、システム、法務と複数部門にまたがる。あるネットサービス大手の技術担当者は「広告部門が断りなくデータ共有ツールを増やすので、安全性の確認が追いつかない」と漏らす。

フェイスブックが提供する「いいね！」ボタンが代表例だ。ページを訪れるだけで利用データが自動送信される。営業担当者がネットでの認知度向上に役立つと考え、社内専門家の了解を得ないまま導入してしまう例も多い。大井哲也弁護士は「サービスの設計段階から、システムと法務の両部門は緊密に連携を取るべきだ」と指摘する。

データ保護のあり方について議論は進む。総務省の有識者会議に加わる森亮二弁護士は「ユーザーが把握できないサーバーとのクッキーのやり取りはプライバシー侵害の可能性がある。追跡技術が進化した現在、放置は妥当ではない」と話す。

法制度に不備

だが実態は企業の努力だけでは解決できず、法制度に不備がある。これが3つ目の要因だ。氏名や住所を特定できる「個人情報」を外部提供するには本人同意が必要となる。個人情報保護法ではユーザーが拒否しない限り、第三者に個人情報を提供できる「オプトアウト」の仕組みを認める。だが、対象は原則、「名簿事業者」に限られ、その線引きも曖昧だ。

ある不動産大手は2017年にオプトアウト利用を検討したが、個人情報保護委員会から「貴社は対象外の業種」と突き返された。ネット経由で自ら利用データを集める企業が増えるが、クッキーを個人情報並みに扱うべきか判断は難しい。企業はデータ共有を止める手段を用意するかでも悩む。

GDPRでクッキーを個人情報と定めるEUは、企業のデータ共有に監視の目を強める。フランス当局は2018年末に「クッキーの提供先を利用者に通知しなければならない」との指針を示し、2019年1月に規則違反を理由に米グーグルに62億円の制裁金を命じた。データを糧に成長を続けたGAFAもデータ管理の厳格化を求められている。

規約や共有先の見直し相次ぐ

取材班が2019年2月21日までに各社に聞き取ったところ、少なくとも8社が何らかの対応を実施するか検討すると答えた。ローソンエンタテインメントは「グループ全体で規約等の見直しと改定を検討している」と明かした。大日本印刷も「利用者の情報を活用する以上、わかりやすい説明は不可欠」として明示する共有先を増やした。そのほかに共有先を減らした企業も複数みられた。

今回の調査では、ログイン画面から外部へ平均17・4件のデータ共有が確認できた。共同調査したデータサインの太田祐一社長は「旅行関連や化粧品通販など、ウェブマーケティングが盛んな業界ほど共有先が多い」と分析する。

共有されるデータの主な用途はネット広告のほか、データの収集や解析向け、SNSとの連携ツールが目立った。「不正アクセス防止用の外部サービスを使っているが、安全上の観点から共有先を示していない」（金融機関）との声もあった。

データ利用をどこまで企業に許すか、ユーザーも悩ましい。クッキーはネット閲覧ソフトの設定で利用そのものを拒否できる。ただ拒否した場合は自動ログインやショッピングカートが使えず、途端に不便になってしまう。便利さと自分のデータの保護を両立させるなら、利用者も各社の規約を確認する必要がある。

調査概要

個人や家庭に身近なネットサービスのうち、各分野のシェア上位を中心に100社を対象にした。2019年2月1日に各社のサイトのログイン画面から「クッキー」などの利用データがどう流れているか調べた。ログイン画面はIDやパスワードを入力するため、データ共有の仕組みを悪用したのぞき見や改ざんの被害対象になりやすい。

各サイトの通信内容から、具体的なデータ共有先と社名を検出。サイト利用規約やプライバシーポリシーと照合し、提供先を明記しているか検証した。検出した共有先には、企業がデータ分析などを依頼する業務委託先や不正アクセス防止用のサービスも含まれる。結果は全社に通知した。調査後に規約や共有先を変えた企業もある。

▼調査対象企業一覧（五十音順）

青山商事／アスクル／アマゾン・ドット・コム／イープラス／イオン／イケア／イトーヨーカ堂／エアビーアンドビー／エイチ・アイ・エス／エイチ・ツー・オーリテイリング／エクスペディア／SMBC日興証券／SBI証券／エディオン／NTTドコモ／エン・ジャパン／オイシックス・ラ・大地／オリエン

トコーポレーション／オルビス／オンワードホールディングス／カインズ／カカクコム／キタムラ／QVCジャパン／グーグル／ぐるなび／クレディセゾン／KNT－CTホールディングス／KDDI／JR東海／JR西日本／JR東日本／ジェーシービー／JTB／静岡銀行／ジャパネットたかた／ジュピターショップチャンネル／上新電機／ジンズ／スターフライヤー／住信SBIネット銀行／千趣会／全日本空輸／ZOZO／ソフトバンク／ゾフ／大日本印刷／大丸松坂屋／大和証券／高島屋／千葉銀行／TSUTAYA／ディーエイチシー／DMM.com／DCMホールディングス／ディノス・セシール／デル／東急ハンズ／ドワンゴ／ニッセンホールディングス／ニトリホールディングス／日本航空／日本旅行／農林中央金庫／野村証券／パーク24／パーソルテンプスタッフ／パルシステム生活協同組合連合会／ぴあ／ビックカメラ／ファーストリテイリング／ファンケル／フェイスブック／福岡銀行／ベルーナ／マイクロソフト／マイナビ／マウスコンピューター／丸井グループ／マルエツ／みずほ銀行／三井住友カード／三井住友銀行／三越・伊勢丹ホールディングス／三菱UFJ銀行／メガネトップ／メルカリ／ヤフー／ヤマダ電機／ゆうちょ銀行／ユニー／横浜銀行／ヨドバシカメラ／ライフコーポレーション／楽天／リクルートライフスタイル／りそな銀行／良品計画／ローソンエンターテインメント／ワールド

【キーワード】

クッキー（Cookie）

いつ、どのウェブサイトを見たかなどの履歴や、各サイトのパスワードに直結するログイン情報をためたデータ。パソコンなどで使うブラウザー（閲覧ソフト）ごとに保存される。サイト側が利用者を識別し、パスワードを毎回入力する手間を省く。動画サイトで以前に視聴途中だった動画が、続きから再生される仕組みにも使われる。

サイトの運営企業だけでなく、外部のウェブ広告会社などがクッキーのデータを集めて個人の嗜好に合わせた「ターゲティング広告」に利用することも多い。サイトの閲覧履歴を分析し、その人の趣味や生活習慣などが推測できるからだ。

クッキーそのものは氏名などの情報を含まない。このため日本の個人情報保護法では、クッキー単体では厳格な扱いを要する「個人情報」に当たらないとしている。

一方で日本インタラクティブ広告協会は加盟社に、広告目的でクッキー情報を提供した相手先を開示するよう義務付けている。ＥＵのＧＤＰＲではクッキーも個人情報として扱い、利用には本人の同意が必要となる。

2　ＡＩの56％――データ不足で苦悩

データエコノミーの根幹をなすのが、膨大なデータを瞬時に解析する人工知能（ＡＩ）だ。製品やサービスの開発、事業開拓など、企業の間でもＡＩの用途は新たな分野に広がりつつある。ＡＩは日本の経済成長に欠かせないテクノロジーといえる。

だが取材班と日経ＢＰ社の専門サイト「日経ｘＴＥＣＨ（クロステック）」の共同調査からは、驚くべき実態が浮かんできた。

日本の主要企業の６割が、ＡＩ運用に欠かせないデータ活用で課題を抱えているという現実だ。必要なデータが不足していたり、データ形式が不ぞろいで使えなかったりと、ＡＩの導入に戸惑う事例が多い。欧米を中心に企業のＡＩ活用が急拡大するなか、「動かないＡＩ」が増え続ければ世界競争に出遅れかねない。

企業が抱える「動かぬ頭脳」　主要１１３社に聞く

取材班と日経クロステックは２０１８年７～８月、日本を代表する大手１１３社にＡＩの活用状況を聞いた。

「ＡＩを活用する」と答えた企業は予定も含めて98％に上った。ＡＩが企業活動に浸透しつつある一方、日本企業が抱える課題も浮き彫りになった。

使えるまで2年

ダイナマイトで掘り崩した先、ＡＩの「目」がトンネル表面をくまなく観察し始めた。所要時間は2分間。地層や割れ目、漏水の有無から、地盤が安全かどうかを機械診断する。

「これなら使える」。２０１８年夏、実証試験を繰り返していた大林組の畑浩二部長は胸をなで下ろした。

風化による地質変化の正答率は87％と、全社でも３人しかいない専門技術者と肩を並べるまでになった。近く山岳地帯の工事現場で実用化に乗り出すが、実はここまでくるのに2年かかった。

壁になったのが保管データの形式の違いだ。かつて２０００枚超の工事画像などをもとに地質診断のコツをＡＩに教え込もうとしたが、データの保存形態が「エクセル」や「ＰＤＦ」などバラバラだった。担当者が画像や資料をスキャンし、１つ１つの数値を入力し直すという気の遠くなるような手作業が必要だった。

ＡＩの精度を高め、期待通り動かすには、膨大なデータを集めてその意味を学ばせる作業が欠かせない。しかし調査では「データはあるが使えない」とした企業が35％に上った。「収集できていない」と「どんなデータが必要かわからない」の答えを合わせると計56％の企業がＡ

「データはあるが使えない」企業が35%に及ぶ

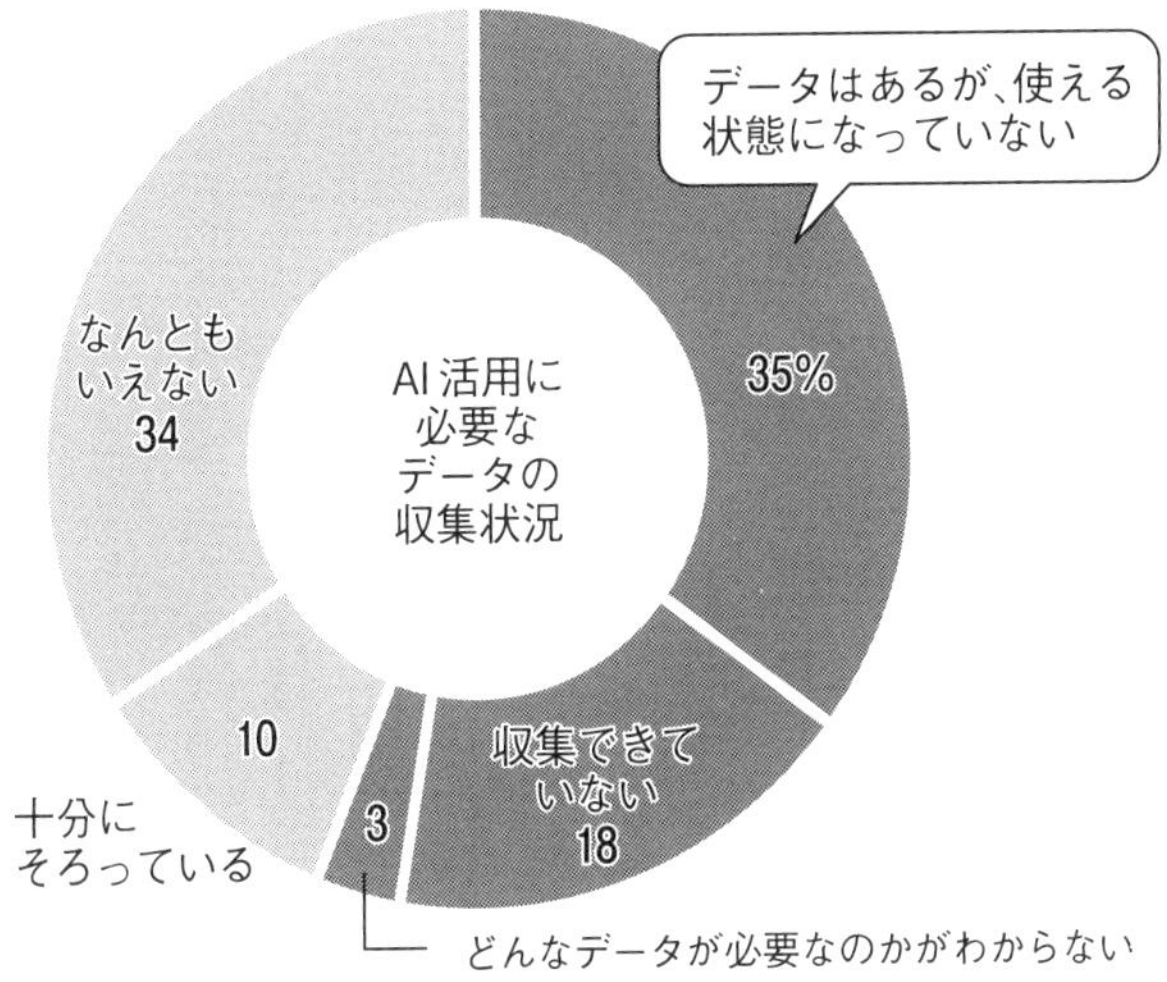

Ｉ導入に悩みを抱えていた。

背景にあるのはペーパーレス化の遅れや言語などの問題だ。ＡＩ学習用のデータ加工は自動化が難しく、入力や形式の統一など人海戦術に頼る部分が多い。英語が通じるインドやフィリピンに大量のデータ処理を委託してきた欧米勢に比べ、日本企業はこうした「前工程」で腐心する。

２０１８年２月から「ＡＩタクシー」を導入した東京無線タクシー。ＡＩで乗客の人数と地点を予想する。精度は95％と高く、新人ドライバーは売り上げが１日平均３０００円増えた。開発したＮＴＴドコモは、ＡＩに学ばせるデータの「重み付け」でてこずった。

携帯電話から得られる人の分布、車両の運行履歴、付近の施設情報や気象データを掛け合わせる。最低1000台のデータが必要と考えてＡＩに学ばせたが、数カ月間は予測精度が思うように出なかった。実際はどの要素を重視させるか次第で、数十台でも十分に精度を上げることができた。

今回の調査では企業の6割超が「製品やサービスの革新」にＡＩを活用していくと回答。「コスト削減（45％）」や「人手不足の補完（19％）」を上回り、事業強化に向けた用途でもＡＩに高い期待を寄せていることがわかった。

倫理規定で出遅れ

だがＡＩをうまく動かせても課題は残る。73％の企業が「判断がブラックボックス化する」懸念を挙げた。現在主流のＡＩ技術は内部の挙動が複雑で判断の根拠を示すのが難しい。経営のどこまでを「説明できないＡＩ」に頼るべきか、悩む企業は多い。

三井住友フィナンシャルグループ（ＦＧ）は2017年11月、ＡＩ利用に関する独自の倫理規定を導入した。「判断が倫理的に不適切にならないようにする」「基本的人権の保護や文化多様性に配慮する」などを掲げ、ＡＩを開発・利用する社員に徹底させている。

与信判定などでＡＩによる偏った判断が生じかねない場面を想定し、海外文献も参考に中身を練った。調査時点で「規定を定めた」と答えたのは三井住友ＦＧの1社のみだ。2018年

9月にソニーも独自の倫理規定を設けたが、グーグルやマイクロソフトなど規定導入が相次ぐ米国に比べ日本勢の取り組みの遅さが目立つ。

ＭＭ総研の17年調査によると、企業経営層がＡＩを熟知している割合は米国が5割、ドイツが3割に対し、日本は7％台にとどまった。ＡＩ活用が当たり前になるデータエコノミーへの理解が進まなければ、国や企業の競争力の差につながりかねない。

使えるＡＩへ、学ばせ方模索

98％の日本企業がＡＩ活用に前向きな一方で、期待通り動かすためのデータ学習に手間取っている。取材班と日経クロステックの共同調査では、回答した113社の88％が「ＡＩ人材の増強」、76％が「データの収集・加工」を今後の改善点に挙げた。「動くＡＩ」を育てるための手探りが続く。

「ため息のかわりに、ビール」

「好きなビールは、いつも一流」

検索窓に「ビール」と打つと、瞬時に100個のキャッチコピー案が画面に現れた。電通が開発したＡＩコピーライター「ＡＩＣＯ」は2017年のデビュー以来、戦略プランナーや営業担当など300人に知恵を貸してきた。

開発は試行錯誤だった。世に送り出したコピーを使って学習させると、著作権に触れる可能性があったためだ。電通は人力でこの壁を突破した。若手ライター50人が数万単位のコピーを書き下ろして学ばせ、AICOが出す案に対して「あり」か「なし」か、を教え込んだのだ。

調査では6割の企業が「AIを活用した企業が産業構造を一変させてしまう」と答えた。課題を抱えつつも、こうした危機感が企業をAI活用へと走らせている。

花王は髪形の流行をAIに予測させ、スタイリング剤などの開発や販売促進に生かす取り組みを始めた。傘下の研究所が1988年度から毎年保存していた30万枚の人物写真に着目し、髪の長さや色、ウエーブの具合など流行のパターンを学ばせた。「ショートカットの流行が戻ってきた」。開発したAIはSNSなどの情報を自動分析し、リアルタイムで流行を予測する。街頭での写真撮影から2カ月かけて分析していた業務を大幅に短縮できるようになった。売れ行きの変化が激しい消費財の開発現場が変わりつつある。

アシックスは走行動画をAIが解析し、フォームの修正点や訓練法を教えるサービスを2018年2月に始めた。西脇剛史取締役は「AI導入でスポーツビジネスは今の延長線上を離れて大きく様変わりしていく」とみる。

今回の調査では、導入済みAIの約5割が海外製であることもわかった。メーカー別では米IBMが最多で、米グーグルとNECが2位だった。「AI技術の中核を海外企業に握られ、日本の産業競争力が低下する」との指摘も25%あった。

AIは企業の組織と機能も変えつつある。AI導入で人員が増減する業務を聞いたところ、総務や人事、経理は3割の企業が「減る」と回答した。一方、製品開発は3割、研究では5割の企業で雇用が「増える」という。データ人材の補強が必要とした企業も9割あった。

▼回答企業一覧（五十音順）

IHI／アサヒグループホールディングス／アシックス／アステラス製薬／伊藤忠商事／ANAホールディングス／NEC／NTTドコモ／MS&ADインシュアランスグループホールディングス／大林組／OKI／オムロン／オリックス／オンワードホールディングス／花王／鹿島／川崎重工業／関西電力／キヤノン／京セラ／キリン／クボタ／コマツ／サントリーホールディングス／JR東日本／JFEホールディングス／JCB／JTB／J・フロントリテイリング／塩野義製薬／資生堂／清水建設／シャープ／商船三井／昭和電工／新日鉄住金／すかいらーくホールディングス／住友化学／住友商事／セイコーソリューションズ／西武ホールディングス／積水化学工業／積水ハウス／セコム／セブン&アイ・ホールディングス／ソニー／SOMPOホールディングス／第一生命保険／ダイキン工業／大成建設／大日本印刷／太平洋セメント／大和証券グループ本社／大和ハウス工業／武田薬品工業／中部電力／DIC／TDK／帝人／テルモ／電通／東京エレクトロン／東京海上ホールディングス／東京ガス／東芝／東洋エンジニアリング／TOTO／凸版印刷／トヨタ自動車／名古屋鉄道／日清製粉グループ本社／日東電工／ニッパツ／日本航空／日本水産／日本精工／日本製紙／日本生命保険／日本たばこ産業／日本通運／日本電産／日本郵船／ニュー・オータニ／野村ホールディングス／パナソニック／富士通／富士フイルム／ブラザー工業

／ブリヂストン／マツダ／丸紅／みずほフィナンシャルグループ／三井化学／三井住友フィナンシャルグループ／三井物産／三井不動産／三越伊勢丹ホールディングス／三菱ケミカルホールディングス／三菱地所／三菱重工業／三菱商事／三菱食品／三菱電機／三菱マテリアル／三菱ＵＦＪフィナンシャル・グループ／村田製作所／明治ホールディングス／ヤマトホールディングス／ユニ・チャーム／ユニー・ファミリーマートホールディングス／楽天／ローソン／ローム

【キーワード】

人工知能（ＡＩ）

人間のような高度な認識や判断を下せるコンピューターシステムのこと。１９５６年、米国で開催した共同研究会「ダートマス会議」で初めて「人工知能（Artificial Intelligence）」という言葉が使われ、研究が活発になった。現在は50～60年代、80～90年代に続く「第３次ブーム」と呼ばれる。

ＡＩ自ら大量のデータから課題解決を学ぶディープラーニング（深層学習）などの技術革新が進む。ただ導入コストは大きいわりに技術の変化ですぐに陳腐化することも多い。このためグーグルやアマゾン・ドット・コムなど米ＩＴ大手が提供するサービスを通じ、機能ごとにＡＩを呼び出して使う企業も増えている。自動で文章を翻訳したり、読み込んだ画像から欠陥商品や病気を見つけたりと、活用の幅も広がる。

日本は欧米に比べ事務処理など定型業務の機械化が遅れているといわれる。ＡＩを活用して生産性を向上させる余地は大きい。２０１８年度の経済財政白書は、ＡＩ導入で企業の生産性が16％伸びると分析している。

3　日本のシェア4％――AI先端人材で遅れ

AIの実用化に弾みを付けるには、研究や開発をリードする「トップ級人材」が欠かせない。その約半数がGAFAなどを擁する米国に集中していることが、カナダのAIスタートアップ「エレメントAI」の調査でわかった。

一方、日本は人材数で世界全体の4％にとどまり、中国や英国にも後れを取る。海外で専門教育を受けたAI人材が少なく、多様性の欠如という課題も浮かぶ。

AIはデータを経済に生かすデータエコノミーの中核技術だ。最先端の研究を担う層が手薄だと競争力が落ちかねない。

米中英に大きく遅れ

エレメントAIが、2018年中に日本を含む21の国際学会で発表された論文から著者の数や経歴を調査した。AIのトップ級人材の分布を割り出した。

調査によると、世界のトップ級人材は2万2400人いる。約半数が米国（1万295人）で、次いで中国（2525人）が1割を占めた。英国（1475人）やドイツ（935人）、カナダ（815人）が続き、日本は805人で6位だ。全体の約3・6％にとどまった。

人材の質も課題だ。調査からは、日本の人材の多様性の乏しさが浮き彫りになった。

他国に比べ、海外で専門教育を受けたグローバル人材が少ない。外国で学んだ後に自国企業で働く比率は17％で主要17カ国・地域で下から2番目だ。女性の比率は最低で、世界平均（18％）の半分の9％に過ぎない。

AIは多様なメンバーでの開発が重要になる。研究者間の人脈が広がって最先端の技術に触れる機会が増え、共同研究につながりやすい。逆に同じ人種や性別のチームで作ったAIは、判断が偏りがちともされる。

AIの最先端の研究では、データ分析の効率向上や分析の偏りをなくす技術、判断過程をわかりやすく外部に示す手法などの技術革新が進む。大学と企業の共同研究も多く、各国企業の競争力向上に直結する。

例えば2018年夏に京都で開かれた国際学会で最優秀論文賞を受賞した筑波大学の秋本洋平准教授は、AIの判断精度を上げる開発作業の自動化を研究する。AIの開発期間やコストの大幅な削減につながる内容だ。

秋本准教授はフランスの国立研究所に在籍した経験も持つが、日本人研究者の少なさを懸念する。「国際学会で日本人の発表数は少なく、存在が薄い」という。一因とみるのが教育政策の遅れだ。「AI分野の新発見は、高度な数学の知見から生まれることが増えている。だが日本は分野をまたいだ研究体制が弱い」と話す。

日本はAIのトップ級人材の数も多様性も世界に見劣り

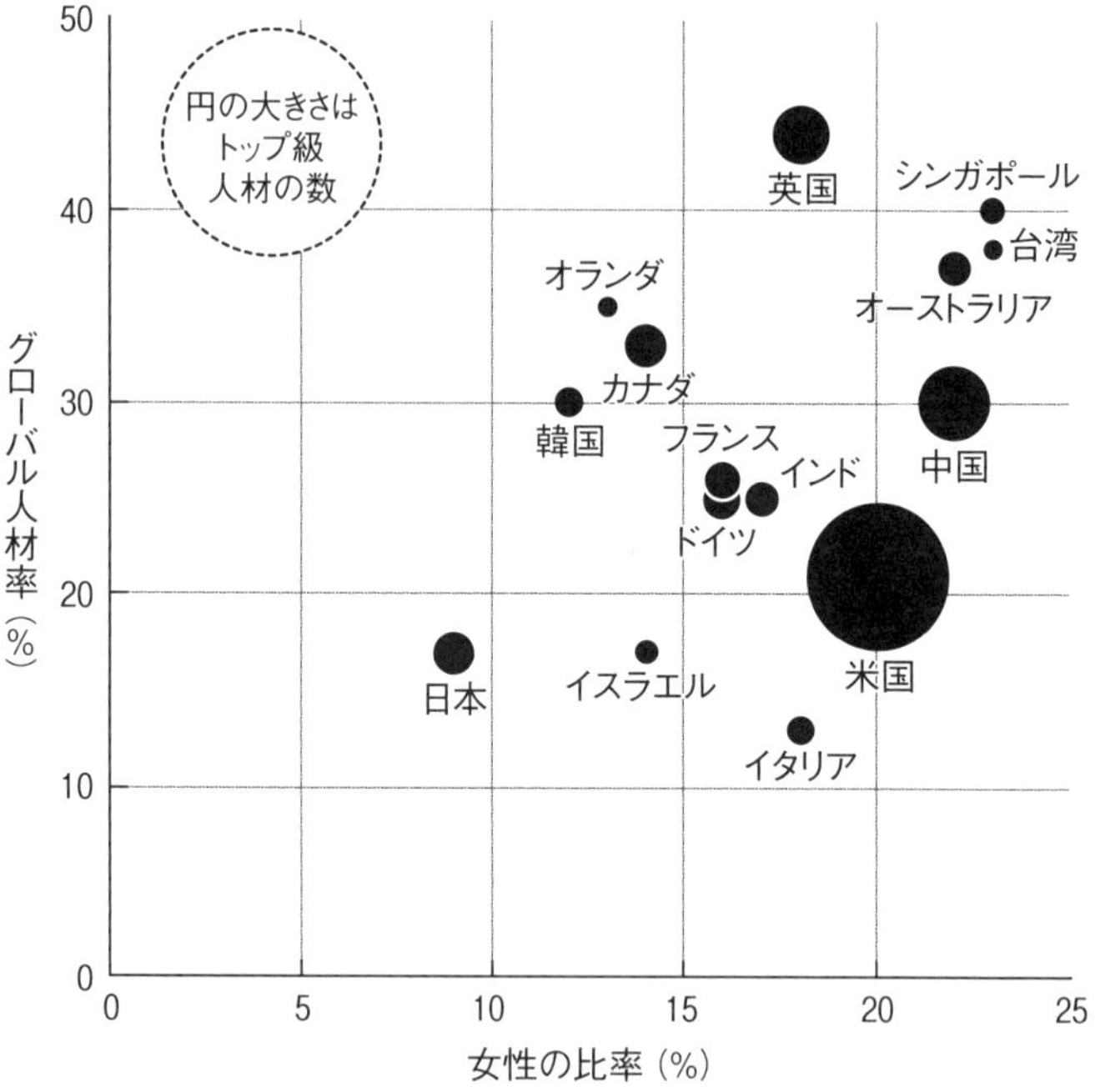

（出所）ELEMENT AI「Global AI Talent Report 2019」から作成

ＡＩ人材が多い欧米や中国は近年、国策として科学技術分野を総合的にカバーする人材を育てた。米国は10年以上前から理数系教育の振興策を打ち出し、科学技術の教員を大幅に増やした。中国も次世代ＡＩ発展計画を２０１７年に定め、ＡＩ学部の新設などを進める。

日本は理学部や工学部といった伝統的な学科編成が維持され、数学とコンピューター技術など複数の分野を得意にする人材育成が遅れた。ＡＩ関連の専門学科を持つのは滋賀大学など数校だ。経済産業省と文部科学省が２０１９年３月にまとめた報告書は「情報政策を担当する経産省が数学の重要性に気づくのが遅かった」とした。

待遇改善がカギ

日本政府は巻き返しを図る。年間25万人のＡＩ人材を育てる目標を、２０１９年３月に掲げた。理系の大学生のほぼ全てと文系学生の一部に専門知識を学ばせる構想だ。

企業には、海外から優秀な人材を集めることも課題になる。コンサルティング会社マッキンゼーの野中賢治氏は「日本企業も高給を出せば世界から採用できる」と指摘する。「事業に大きく貢献するチャンスを与えるなど、前向きに働ける社内環境の整備もカギだ」という。

日本は欧米と国際的なデータ流通圏の構築を提唱している。だがデータを的確に分析するＡＩの開発が遅れれば、十分な成長につなげられない。教育体制を見直し、ＡＩ研究のトップ級人材を育成することが急務だ。

【キーワード】

ＡＩ人材

データを解析するための数学の知識やプログラミングの技術などを持ち、ＡＩを開発したりビジネスに活用したりする人を指す。ＡＩの仕組みや特性を深く理解して産業振興策や地域おこしなどにどう生かすか企画できる人なども含む。

ＡＩを人手不足の克服や生産性の向上につなげる動きが広がり、人材不足の問題が注目されるようになった。米国のコンサルティングＤｒａｕｐは、ビジネスの場で活躍するＡＩ人材は世界に45万人と見積もる。うち日本は１万８０００人で米国の13万人や中国の７万人より大幅に少なく、インドやフランスにも後れを取る。同社は日本の問題を「活躍の場が東京のＩＴ企業に集中している」と指摘する。

処遇改善も課題だ。英人材サービス大手ヘイズによると、データ分析の専門家の「データサイエンティスト」の最高給与は日本が年１２００万円で中国やシンガポールより低い。年功序列や配置転換が多い日本型の雇用では、優秀なＡＩ人材の採用は難しいとの指摘もある。

4　国立大の34％――サイバー攻撃で実害

「意見書の比較につき、情報共有します」

2018年3月、東京大学や九州工業大学などの教授数人に、政府の有識者会議「総合海洋政策本部」事務局からメールが届いた。

送り手の名前は事務局に所属する内閣府職員だ。だが実際はその職員になりすました偽装メールで「標的型攻撃」の一環として送られた。メールには資料ファイルが添付され、それを開くとマルウエア（悪意あるプログラム）が情報を盗み取る仕組みだったのだ。

狙われる知の砦

教授らが狙われたのは、有識者会議のメンバーだったからとみられる。

当時は国の海洋政策の指針となる「海洋基本計画」を策定していた。自衛隊や経団連、ＩＨＩなどの関係者も加わり、離島防衛や海洋資源開発などを議論していたが、少なくとも教授らの1人がファイルを開けて感染した。

中国のハッカー集団が関与したとみられ、内部情報の詐取や政府中枢へのさらなる攻撃の踏み台にされた可能性がある。

なぜ大学関係者が標的になったのか。

国の科学技術基本計画では、産官学の連携を柱に掲げる。ロケットや海洋開発、原子力など企業との共同研究も増えている。大学を通じて国や企業の情報が盗み取られかねない実態があるからだ。

文部科学省も「国家の安全保障に響きかねない」と危機感を強める。米セキュリティー大手、パロアルトネットワークスの林薫アナリストは「弱い所から侵入範囲を広げる攻撃が最近の傾向だ。日本の大学は企業や政府を含めた中でも国の弱点と見られている」と警告する。

産官学連携の弱点に

国立大学は国の補助金が私立大より多く、情報公開制度の対象になっている。取材班と日経クロステックは2018年9月に、全国の国立大82校を対象に共同調査を実施し、6割の48校から回答を得た。

調査からは国立大学の3割が、過去3年間にサイバー攻撃による情報漏洩や業務停止の被害を受けていたことがわかった。

日本年金機構で大量の個人情報が流出した2015年度以降、不正アクセスなどの「サイバー攻撃があった」大学は87%に上り、うち34%が情報漏洩などの実被害があったと答えた。特徴的なのは2割強の大学が、特定人物を狙う標的型攻撃を受けたとした点だ。

多くの国立大がサイバー防衛に悩む
(2015年4月～18年7月で判明したサイバー攻撃)

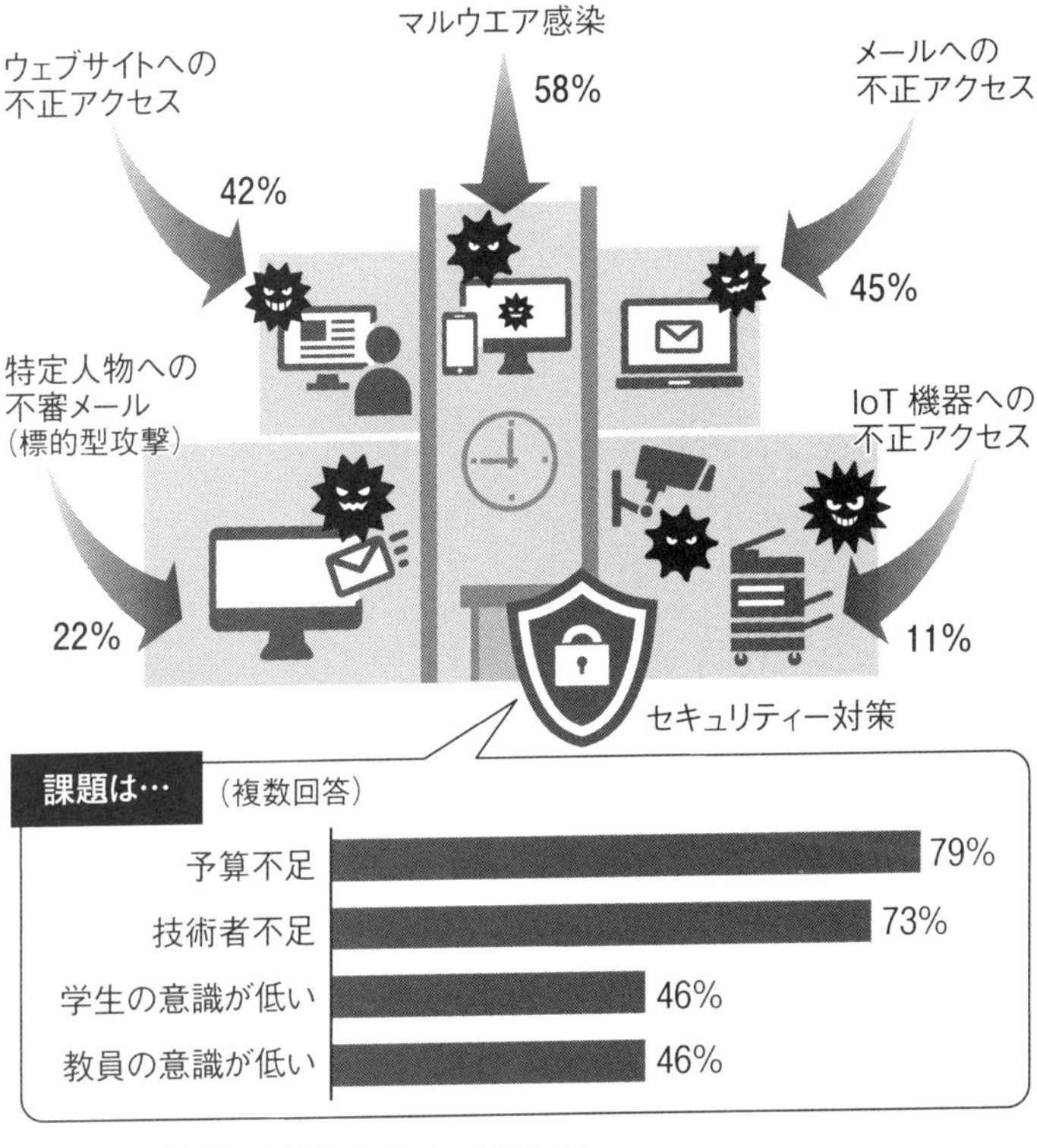

(注) 日本経済新聞、日経 BP のアンケート調査から

パロアルトネットワークスによると、２０１７年に世界で検出した教育業界への新種のマルウエアは約１２００万件と、ＩＴ業界に次いで2位だった。２０１８年2月に起きた大規模な標的型攻撃では、全体の15％が日本の大学に向けられた。

実際、国立大のサイバー被害はやまない。

２０１８年6月には弘前大学、島根大学で情報流出が判明した。7月には大阪大学基礎工学部のホームページが一時停止した。運用を委託した企業のサーバーに何者かが侵入し、サイトを改ざんしたためだ。大阪大学は２０１７年に最大8万人の個人情報が流出する事故を起こしたばかりだ。「学内の対策は進んだが、外部委託先は脆弱性を確認していなかった」（情報基盤課）という。

企業研究も標的

伊藤忠商事の佐藤元彦上級サイバーセキュリティ分析官によると、２０１６年に流行した不正送金マルウエアの感染率は国立大が4割と組織・法人別で突出した。株式会社の０・１％の４００倍近い。企業との共同研究や交流もデータを大量にやり取りするネットワーク型の連携が増えている。

企業が対策を強めても、防御が手薄な大学から情報が流出する懸念が広がる。

文科省が警戒するのも、２０１６年に富山大学で起きたようなケースだ。水素同位体科学研究センターが狙われ、原発の汚染水処理に関する研究資料などが流出した。企業や核融合科学研究所などの研究機関とも連携しており、中にはそうした外部研究者の個人情報や研究成果も含まれていた。

事態を重く見た国も、大学でのサイバー防衛対策を急ぐ。政府が2018年7月に決定した3カ年のサイバーセキュリティー戦略の重点項目には交通、通信事業者といった重点インフラの対策などと並び、「大学のセキュリティー対策」が加わった。2015年に日本年金機構から125万人分の個人情報が流出した事件をきっかけに、文科省も国立大のネットワークを監視する取り組みを始め、各校にも対策強化を求めてきた。だが具体的な対策は各校に委ねられているのが現実だ。

サイバー対策の予算・人材確保に苦慮

表面的には、大学側の対策も進んでいるようにはみえる。セキュリティー事故に即応する専門組織を設置する国立大は増えた。取材班が各大学に即応組織を設置した時期を聞いたところ、2015年からの3カ年で新設が相次いでいた。回答した48校のうち47校で体制が整ったという。

ただ専門組織があっても、必要な人材や設備予算を確保できていない国立大が多い。セキュリティー対策上の課題を複数回答で聞くと、1位は「予算が足りない」で79%、2位は「技術者が不足」で73％だった。文科省は「経営層が対策の重要性を理解できていないことも出遅れの一因」（情報システム企画室）と指摘する。

それでも調査で「経営層のセキュリティー意識が低い」と回答した国立大はわずか４％にとどまる。「経営層に忖度（そんたく）したのでは」と文科省は疑う。

調査では1割強の国立大が「攻撃を受けなかった」とした。しかし文科省は「一切攻撃がないとは考えにくい。大学が気づいていない被害があるかもしれない」と警戒する。

大量の技術情報が行き交うデータエコノミーの広がりとともに、サイバー攻撃の脅威も高まる。被害がやまない実態には、大学経営層の危機意識の乏しさも透ける。

２０１８年度のセキュリティー予算の前年度比は、回答した46校の3分の2に当たる30校が据え置きで、７校に至っては平均４・８％の減少だった。国立大への運営費交付金は２０１８年度に１兆９０００億円と２００４年度比で12％減った。学内でも予算の争奪戦は激しい。43の部局を持つ東京大学の担当者は「伝統的に学部ごとの権限が強く、全学一律の対策は調整に時間がかかって難しい」と明かす。

「教員の意識不足」を課題とした大学も半数近い。情報セキュリティー会社のセキュアワークスジャパンの古川勝也アドバイザーは「学問の独立を尊重するあまり、セキュリティー対策が徹底されにくいという大学特有の課題もある」と指摘する。

都内の国立大では教員が勝手に外部サーバーと契約したり、新しい機器を入れても報告しなかったりと管理に手を焼く。担当者は「『学問の自由』を盾に先生が管理されることを嫌う。脆弱性のある外部サーバーを利用しないよう呼びかけても教員はなかなか従ってくれない。強制はできないし、研究が進まなくなれば元も子もない」とこぼす。

人の流動性の高さも壁となる。東京工業大学の即応組織は多いと月に十数回、学生のパソコンから不正なファイル交換などを検知し、ネットを制限する。大学は毎年大量の新入生や留学生を迎えるなど、人の出入りが激しい。責任者は「全関係者に対策を周知徹底するのは困難だ」と頭を悩ませている。

▼回答大学一覧

北海道大学／北海道教育大学／小樽商科大学／帯広畜産大学／北見工業大学／弘前大学／宮城教育大学／秋田大学／山形大学／福島大学／茨城大学／筑波大学／筑波技術大学／宇都宮大学／群馬大学／千葉大学／東京大学／東京外国語大学／東京工業大学／東京海洋大学／お茶の水女子大学／一橋大学／横浜国立大学／長岡技術科学大学／上越教育大学／富山大学／金沢大学／山梨大学／愛知教育大学／名古屋工業大学／滋賀大学／京都教育大学／大阪大学／大阪教育大学／兵庫教育大学／和歌山大学／島根大学／広島大学／山口大学／徳島大学／愛媛大学／高知大学／九州工業大学／熊本大学／大分大学／宮崎大学／鹿児島大学／鹿屋体育大学

【キーワード】

標的型サイバー攻撃

特定人物に電子メールを送り、ウイルスが添付されたファイルやリンク先を開かせ、相手のパソコンを乗っ取るサイバー攻撃の手法を標的型サイバー攻撃という。攻撃者はそこから周囲のネットワークに侵入し、情報の詐取や破壊活動につなげる。警視庁が2017年に把握した標的型攻撃は6027件と、前年の1・5倍で過去最多だった。

狙った相手の業務内容や人脈を周到に下調べして、取引先などを装った巧妙な文面で執拗に攻撃を仕掛ける。不特定多数に同じ文面のメールを大量に送る従来の「ばらまき型」に比べ防御が難しい。盗み取った個人情報を闇市場で売る金銭目的だけでなく、国家レベルのスパイ活動の一環とみられるものもある。

2015年には日本年金機構が攻撃を受け、基礎年金番号や氏名、生年月日など125万人分の情報が流出した。JTBでは2016年、取引先の航空会社を装った標的型メールから、パスポート情報を含む約679万人分の顧客情報が漏れた。

5　トヨタ、2位に転落——自動運転の特許競争力

大量の情報を競争力に変えるデータエコノミーの到来は、ハード重視で来た日本車各社を追い詰め始めた。自動車の自動運転に関する特許競争力で、米グーグルがすでにトヨタ自動車など世界の大手メーカーを逆転して首位を独走する現状が浮かんできた。

取材班は特許分析会社のパテント・リザルト（東京・文京）に依頼し、2018年7月末時点の米国における自動運転の特許競争力をランキングした。

首位はグーグルの兄弟会社、米ウェイモで、総合スコアは2815ポイントだった。比較可能な2016年の調査では、トヨタ、米ゼネラル・モーターズ（GM）、日産自動車、独ボッシュに次ぐ5位だった。

ウェイモはスコアを3倍近く伸ばし、急浮上した。

日本勢伸び悩み

ランキング上位10位をみると、日本企業ではトヨタ、日産、ホンダ、デンソーの4社が入った。ただ4社とも2016年から順位を下げており、特許競争力は伸び悩んでいる。

今回の調査は、米国でこれまで出願された関連特許ごとに「権利化への意欲」「競合他社の

注目度」「審査官の認知度」の3項目を数値化。企業別に総合スコアを算出した。その特許を国際出願していれば権利化に対する意欲が強く、競合他社から無効審判の申し立てなどが多ければ注目度が高いと判定される。

スコアに大きく影響するのが、国際機関がまとめる先端特許報告書「国際サーチリポート」での引用回数だ。

ウェイモは累計769回と、トヨタの1・6倍、GMの2・3倍に及ぶ。各国審査官が認可の指針とし、引用が多ければ多いほど他社は類似特許を取りづらくなる。ウェイモの有効特許件数は318件とトヨタの半分以下だが、その多くは審査官に広く知られ、先端技術として認められている。

ウェイモ躍進の決め手は自動運転車の「頭脳」を担うAI技術だ。自動車はデータを解析しながら走る製品へと変貌している。地図や位置情報を使い、車や人の動き、交通状況などを人に代わって識別・判断し、ハンドルやブレーキを自動制御する。

こうした自動運転の中核技術で、ウェイモは総合スコアの5割に当たる1385ポイントを獲得した。同技術で204ポイントにとどまった総合2位のトヨタを大きく引き離している。

ウェイモは最近もライドシェア（相乗り）車両が自ら利用客の乗車を判断したり、自転車の挙動を予測して安全に並走したりするといった新たな特許を次々取得している。

多くの技術にAIを活用し、精度向上のためのデータ収集でも他を圧倒する。2017年に

グーグルの特許競争力はトヨタやGMを上回った

順位	企業名	特許競争力（ポイント）	有効特許件数（件）
1(5)	ウェイモ（グーグル、米国）	2815	318
2(1)	トヨタ自動車（日本）	2243	682
3(2)	GM（米国）	1811	331
4(9)	フォード・モーター（米国）	1686	484
5(3)	日産自動車（日本）	1215	199
6(4)	ボッシュ（独）	1110	277
7(8)	マグナ・インターナショナル（カナダ）	756	86
8(7)	デンソー（日本）	656	232
9(6)	ホンダ（日本）	648	257
10(44)	ヒア（欧州）	354	170

（注）パテント・リザルトの調査を基に日経作成。特許競争力は「権利化への意欲」「競合他社からの無効審判申し立ての有無」「審査官の認知度」などを基に指数化。順位は2018年7月末時点で、カッコ内は2016年7月

は米カリフォルニア州の公道で56万キロメートルと地球14周分に相当する走行試験を実施した。日本勢で公道試験に積極的な日産でも8000キロと、差は歴然だ。

日本勢が特許競争力で伸び悩むのは「ハード中心主義」が背景にある。

2016年段階で首位だったトヨタは、有効特許件数で断然の首位を保つ。だが多くは自動ブレーキや前後の車間距離を保つといった基本的な運転支援技術にとどまる。これまでは複雑な動きを必要とせず、車両制御も簡単なプログラムでも対応できたので、むしろセンサーやカメラ、制御機器の性能向上や組み合わせ技術に力点を置いていたためだ。

日本の特許庁が2018年5月に公表した調査では、世界で出願した自動運転関連

の特許数は日本勢が45％と最も多い。だが内訳は5段階で示す自動運転の技術基準のうち、最も下の「レベル1」が大半で、全体の6割が部分的な自動運転にとどまる「レベル2」以下だった。一方、米国勢は出願の過半がより高度な「レベル3」以上に集中し、業界標準となる中核技術を先んじて押さえようとする動きが鮮明だ。

米ボストン・コンサルティング・グループによると、2035年には世界の新車販売の4分の1が、運転者が原則不要な「レベル4」以上の自動運転車となる。膨大な地図情報から渋滞、実際の走行状況までを瞬時に解析する「データマシン」へと車が変わりつつあるが、それに日本車各社は対応できないでいる。

新たな脅威も台頭する。中国ネット検索最大手の百度（バイドゥ）は2018年7月、AIで急接近する後続車を検知し、相手に知らせる特許情報を日本で公開した。中国では当局とも連携して走行データ収集に動く。今回の調査では114位にとどまったが、米国でも日本勢を上回る大量出願に乗り出している。

日本勢も巻き返しを急ぐ。デンソーなどトヨタ系部品4社は2019年に自動運転技術を開発する新会社を設ける。当面は部品開発が主体となる計画だ。

メーカー各社の競争の焦点は燃費向上や生産効率からデータの活用技術へと移りつつある。AIを巡っては「日本車各社は重要性に気づいたのが遅い分、開発が遅れている」（自動運転特許に詳しい河野英仁弁理士）のが現状だ。

自動運転特許トップ50　日本勢15社

自動車の自動運転で特許競争力がある世界の上位50社のうち、日本企業は15社だった。企業数の国別ランキングでは17社の米国と並び、一定の存在感を示している。だが完成車メーカーとそのグループ会社が多く、米国勢と比べて業種の多様性が劣っている。

米国は首位ウェイモのほか、ライドシェア大手のウーバーテクノロジーズが26位、ＡＩの最先端研究を手がけるカーネギーメロン大学が34位と異分野からの参入が目立った。

一方、自動運転分野の技術開発に力を入れる中国勢はゼロだった。最近になって特許の大量出願に動いている企業が多く、総合スコアに影響する「無効審判の申し立て件数」や「先端特許報告書への引用件数」などが比較的少なかったためとみられる。

ただ上位50位では圏外だったが、90位に配車サービス最大手の滴滴出行、１１４位にネット検索最大手の百度が入り、今後の急浮上も予想される。

上位50社の国別の総合スコアの合計は米国が８１２５ポイントで、日本の６４７１ポイントを上回った。有効特許の件数は米国が１５２９件と日本の１８００件より少なく、より高度な技術に絞って特許競争力を高めている戦略が浮き彫りになった。

やってみた⑤　始末書もローン書類も　あらゆる情報、グーグルに

プラットフォーマーと呼ばれるＩＴの巨人たちは、便利で無料のサービスを提供する代わりに個人データを集めて利益に換える。では各社は実際に、どんな情報を持っているのか。取材班の記者が「データの持ち出し手続き」で確かめた。

映画９本分の個人データ

まず試したのはグーグルだ。記者は私用でＧメールを使い、携帯電話もグーグルの基本ソフト（ＯＳ）「アンドロイド」のスマホだ。多くの個人データを持っているに違いない。

グーグルで「データのダウンロード」と検索すると、「自分のデータをダウンロード」というページがみつかった。グーグルが提供する47のサービスについて、自分が使った関連データを持ち出せるという。「アーカイブを作成」のボタンを押せば準備が出来次第、メールで通知が来る仕組みだ。数時間後に準備が整った。

ネットから自分のパソコンにデータを落とす。記者の個人データは容量10・８ギガ（ギガは10億）バイトで、ネットで配信される映画コンテンツの９本分に相当する。写真や動画が大きな容量を占めているようだ。

項目別にまとめられたフォルダに、検索履歴やユーチューブの視聴履歴、写真やメールなどあらゆる記録が並ぶ。いつどんな言葉を検索したのか日時が秒単位で記録されており、恥ずかしくなった。

自宅の設計図から始末書まで

ぎょっとしたのは「ドライブ」というフォルダを開いたときだ。自宅の設計図、金額も書かれた住宅ローンの成約内定書、2年前の海外出張で使った飛行機のイーチケットなど、普段他人には見せないような文書がずらずら出てきた。過去に出した始末書の下書きすらあった。

いずれも「グーグルドライブ」というサービスで保存していた文書だった。ネット経由でストレージ（外部記憶装置）を提供する「クラウドストレージ」と呼ばれるサービスだ。移動先でも閲覧できて家族などとのファイル共有も簡単なため、記者は愛用している。

重要な文書の場合、誤送信リスクがあるメール添付より、特定の相手に閲覧を限定できるファイル共有のほうが安心だと思っていた。ところがその代わり、情報はグーグルの元に置かれる。考えてみれば当たり前だが、全く意識していなかった。自分がいかに無防備だったか、あぜんとした。

消したと思っていたはずの写真もちらほら見つかった。スマホで撮影した写真は、家族や友人にメールに添付して送ったり、ネット上の共有フォルダに置いたりしている。手元のスマホだけで削除しても、どこか別の場所に残り続ける可能性があるということだ。

ちなみに「データ持ち出し」というが、持ち出してもグーグルのサーバーから消えるわけではない。同社は「データをダウンロードしても、グーグルのサーバーからデータが削除されることはありません」と注記する。完全に削除するには改めて作業が必要だ。

過去のアドレス帳に戸惑い

SNSのフェイスブックでもデータを持ち出してみた。

記者は2011年からフェイスブックを利用している。友人や家族とのコミュニケーションツールとして重宝するサービスだ。フェイスブックにもネットで自分のデータをダウンロードできる仕組みがある。

フェイスブックにあった記者の個人データ量は166メガバイトだった。写真や動画をあまり投稿しないため、グーグルに比べて容量も小さいようだ。ただ投稿履歴や過去にやり取りしたメッセージなど項目別のフォルダを見ていくと、そのあまりの詳細さに戸惑いを覚えた。

中でも驚いたのは、アドレス帳を確認したときだ。

現在使っているスマホから削除したはずの知人の名前や連絡先が混じっている。そういえば過去に何度か、スマホに保存した連絡先をフェイスブックに連携させたことを思い出した。

フェイスブックを使い始めてから7年以上になるが、その間、スマホは何度も機種変更した。途中で縁遠くなり連絡先を削除した知人もいる。だがフェイスブックのアドレス帳は普段あまり見ず、更新もしなかった。過去の交友関係を振り返るようで、懐かしさと気まずさをかみしめた。

「あなたの情報を含む連絡先リストをアップロードした広告主」という記録もあった。いわば記者のメールアドレスなどを把握している企業リストだ。ネット通販会社や航空会社、宿泊予約サイトなど35社が並んでいたが、住んだこともない福岡市のマンション販売会社の名前もあった。

「どこから連絡先を入手したのか」と不思議に思う。自分で登録したのをすっかり忘れているだけなのか、あるいはこの会社がデータ販売業者などから入手したのだろうか。それは確かめようがない。

非開示情報がある可能性も

企業間のデータ取引に詳しい太田祐一・データサイン社長は「データ持ち出しで開示されたもの以外にも、IT大手は個人に関する情報を持っている可能性がある」と話す。例えばフェイスブックは、利用者の年収や資産に関する情報をデータ販売業者から入手し、広告の絞り込み機能などに利用していた。

個人データの不正流出問題以降、フェイスブックはこうした業者との取引をやめる方針を示したが、記者がデータ持ち出しを試みた2018年7月時点ではまだ広告配信で「年収1000万円以上の人」などの絞り込みが可能だった。

フェイスブックは記者に関する年収や資産情報も持ち、表示広告がそれに基づいて選ばれているかもしれない。だが自分が年収などでどう分類されているかは開示対象外だ。

IT大手以外の一般企業も個人データを集めてマーケティングなどに使う。普段からビールを愛飲する大手飲料メーカーのキリンにも個人データの開示を求めてみた。

ネットで個人データを集めて転売する大手データ販売会社のホームページで、同社が顧客のひとつに挙げられていたのをみつけたからだ。

一般企業は、手続きが煩雑

ところが開示は難航した。

手続きは郵送でのやりとりのみ。まず同社から「個人情報開示請求書」を送ってもらい、必要な内容を書き込んで返送する。さらに回答を待つという仕組みだ。

請求に際し、本人確認のための住民票と郵送手数料などとして822円分の切手も同封しなければならない。自分の情報がなかった場合も、手数料は返却されないという。記者が住む街では住民票の写しの交付手数料が300円。データの有無を確かめるだけでも計1100円以上かかることになる。けっこう面倒だ。

２０１８年７月10日に窓口に電話で問い合わせ、12日に担当者から折り返しの連絡があった。さらに「個人情報開示請求書」が届いたのは数日後。今度は内容に驚いた。

「開示する情報を特定させるため」として、過去に登録したウェブキャンペーンの名前や時期、対象商品、ネット販売で購入した商品や時期などを「必ずご記入願います」と書かれていた。それを覚えているほどの人ならば、開示請求の必要はないのでは。不満を覚えつつ「過去の購入記録などは定かではありませんが、御社が保有する私の個人情報の開示を求めます」と書いた。

予想以上に手間がかかった。

返事がきたのは一連の書類を郵送してから、約２週間後だ。内容は「あなたの個人データは保有しておりません」という、そっけないものだった。「ネットで購入したこともあると思うけれど、本当にデータはないのか」。やや意外な思いもした。だが、その答えを信じるほかなかった。

第5章

支配の実像

データと利益が一握りのＩＴ巨人に集中する「新たな独占」が出現した。放置すれば市場がゆがむが、過剰な規制は成長を阻む。最適解に向け世界は悩む。

1 「新独占」IT7社で130億人

2019年1月中旬の週末、長女(4)と横浜市内で買い物中の田口敦さん(35、仮名)の表情が曇った。「また、みられている」。スマートフォン(スマホ)で開いたフェイスブックに現れたのは、近くで開催予定の親子料理教室の広告だ。「まるで娘と一緒のときを狙われたようだ」と落ち着かない。

田口さんはネット広告会社の営業マンだ。データを分析し、個人の好みに合わせる「ターゲティング広告」には詳しい。そんな彼でさえ「フェイスブックの精度は高すぎる。位置情報から人間関係まであらゆることを知られている」と戸惑う。

やめたくても、やめられない

何度か利用をやめようとしたが断念した。同僚や取引先からの連絡の多くはフェイスブック経由で届く。やめると仕事に差し障ってしまう。

価格の上昇や高いシェアといった従来の尺度で測れない「独占」の形が現れている。談合や買収もないのにもかかわらず、いつの間にかより良いサービスが減っている。米国のグーグルやフェイスブックなど「GAFA」にデータや富、頭脳が集中する構図は、米国で「ニューモノポリー（新独占）」と呼ばれるようになった。

支配を後押しするのは、他社に乗り換えにくくなる「ロックイン効果」だ。GAFAは検索や交流サイト（SNS）などの便利な無料サービスで利用者を集める。使えば使うほどその人の生活に溶け込み、次第に「やめる」という選択肢が失われていく。

従来の石油や鉄鋼、自動車と違い、ITは必要となる設備や人員が少なくて済む。GAFAに中国「BAT（バイドゥ、アリババ、テンセント）」を加えた7社の総ユーザー数は単純合算で130億人と、世界人口を上回る規模だ。いったん彼らの強大な経済圏に入ってしまえば、企業ですら逃れるのは難しい。

2018年11月。スマホを手にした千葉県の会社員、久力萌さん（28）は目を疑った。日課にしていたLINEの電子ペット育成ゲーム「たまごっち」が突然使えなくなった。「1カ月の改修なんて、どういうこと?」

その頃、LINE社内は混乱に陥っていた。「事前に確認したのに」「大工事になる」。担当者は頭を抱えた。2018年9月にゲーム配信を始め、300万人超の利用者を集めた直後だ。アップルから突然、「このサービスは問題がある」と警告が来た。

アップルのアプリ配信サービスを介さず、LINE上で新たなゲームを楽しめる仕組みだった。急速に広告収入を増やしていたが、これがアップルの怒りを買ったと推測された。「圧力の件は話すな」。公正取引委員会も調査に動いたが、LINE社内では報復を恐れて厳しいかん口令が敷かれた。日本経済新聞の取材に両社は「個別案件にはノーコメント」と回答した。

既存の市場で競合と争うのではなく、自ら作った市場を強力に支配するのが新独占の特徴だ。アップルのアプリ配信サービスは10年で10億人が使う規模に育った。「規約」の変更だけで50万ものアプリ企業・開発者の命運を左右し、日本の大手のLINEも逆らえない。

従来法では縛れない

ネットの巨人は国境を容易に越え、各地の国民と企業を飲み込んでいく。1世紀前の米シャーマン法以来、世界の独占禁止法は目に見えるモノのやり取りを基準にしてきたが、もはやこれでは縛れない。「競争の番人」も揺れている。

「日本も主導的な役割を果たしたい」

2018年12月、公取委の杉本和行委員長はビデオ会議で欧州連合(EU)のベステアー欧州委員に宣言した。ベステアー氏は「GAFAの天敵」とも呼ばれる人物だ。

だが現場は早くも息が上がる。欧州委は20人強の博士号を持つ経済学者をそろえ、巨人との対決に備える。一方の公取委はたった2人。「データ寡占など新たなテーマを扱うには人が足りない」。公取委競争政策研究センターの岡田羊祐所長は明かす。

「任意なら出ない」。２０１８年11月、アマゾン・ドット・コムは経済産業省からの公聴会の呼び出しを即座に拒否した。１７０人以上の経済学者を抱え、鉄壁の防御を敷く同社内部では「日本はイージーだ」とさえ、ささやかれている。

２０１９年６月に大阪で開かれた20カ国・地域（Ｇ20）首脳会議でも、国境をまたぐ「データ流通圏」が議題に上った。国家ですら及ばない力を持ち始めた巨人とどう向き合い、新独占をどこまで規制するのか。縛りすぎれば、データがもたらすはずのビジネスの芽も摘みかねない。国際社会は解を迫られている。

【キーワード】

独占禁止法

一握りの大手企業が市場を独占することを防ぎ、企業が公正に競争できる環境を整えるための法律。競合の排除や価格カルテルなどを規制する。市場への支配力が強すぎれば、最終的に価格の引き上げなどによって消費者が不利益を被る。これを未然に防ぐため大半の国が規制当局を設け、企業の違反行為を取り締まっている。

世界で初めて独禁法の洗礼を浴びた巨大企業は、ジョン・ロックフェラー氏らが設立した米スタンダード石油だ。米国内の9割の販売を占有したが、1911年に解体を命じられた。その後もIBMやAT&T、マイクロソフトが欧米当局と攻防を繰り広げた。独禁法は各時代の企業の競争力を左右する大きな要因になってきた。

日本では1947年に独禁法を施行。1969年には新日本製鉄（現日本製鉄）の前身となる八幡製鉄と富士製鉄の合併に中止勧告を出した。データを独占する「GAFA」が登場し、関連法の運用も一変する可能性がある。政府はサービスの対価にデータを渡す個人も「取引先」になり得るとし、独禁法の適用拡大を検討している。

2　逃れられない「監視」

中国河北省の省都、石家荘市の一角。結婚に向け新居を探す喬茂虎さん（33）がスマホを熱心に操作し始めた。「老頼地図」というサービスを使い、半径500メートルに住む借金の未返済者の住所や氏名、借金額を表示。近くに100人以上いることがわかると、思わず顔をしかめた。「住環境が悪い」。別の場所に住もうと決めた。

老頼地図は、2019年1月に中国のネット大手テンセントの対話アプリ「微信（ウィーチャット）」の追加機能として登場。河北省の裁判所が公式情報を提供している。借金問題に厳しく臨む中国当局の方針と、あらゆるデータを囲い込みたいテンセントの利害が一致した。

新独占の未来像

プライバシー保護の規制にあまり縛られず個人情報を集められる中国。その姿は、少数のIT（情報技術）巨人にデータが集約される「ニューモノポリー」のひとつの未来像でもある。「グーグルは各国の情報機関が舌なめずりする究極の個人情報を握っている」。ベルギー在住で個人情報に詳しいトーマス・ビンジェ弁護士は2018年、ドイツ政府幹部の言葉に驚いた。もはや国家がIT大手にかなわない。ウェブの閲覧履歴やスマホの位置情報、趣味など

「秒単位で、部屋のどの椅子に座っているかまでわかる」という。

ＳＮＳや検索などのサービスは無料で使えるが、そこには利用者本人の想像以上の情報まで把握されるワナがある。

ドイツ連邦カルテル庁は２０１９年2月、米フェイスブックのデータ収集を大幅に制限するよう命じた。同社が提携先の外部サービスなどから広くデータを集めている点を問題視。「多くの利用者は気づいていない」とし、はっきり同意をとらないままの収集を禁止した。

その巧妙さをとがめる声も高まる。ノルウェーの消費者協議会は２０１８年、「グーグルなどは利用者をプライバシー保護から遠ざける工夫をしている」と警告した。例えば位置情報の提供停止のためのクリックに、多くの人が無意識に避けがちな「赤」の文字を使うなどだ。米カーネギーメロン大のアレサンドロ・アクイスティ教授は「心理学を駆使した、なかば強制的なデータ集めだ」と批判する。

自衛の兆しも

英国の科学者、ティム・バーナーズ＝リー氏は２０１８年秋、自分の情報を守りながらウェブを利用できるソフト「ソリッド」を発表した。氏名やカレンダー内の予定、スマホのアプリと連動して記録される位置情報など様々な個人データを、ソフト内の専用ボックスに自動保存。データを外部のサービスに提供するかは、すべて自分で決められる。

同氏はワールド・ワイド・ウェブ（ＷＷＷ）の仕組みを作った「ウェブの父」だ。ＩＴ大手によるデータ寡占を憂い、ソリッド開発に取り組んだという。

２０１８年にデータを巡る数々の不正が発覚したフェイスブックは利用者を増やし続け、毎日の利用者は15億人以上。データを吸い上げる巨人の力はなお強い。ただそこに、個人からの自衛の兆しも出てきた。

バーナーズ＝リー氏は言う。「あなたのデータは、あなたのものだ」

【キーワード】

個人への優越的地位乱用

ＧＡＦＡなどＩＴ大手への規制強化のひとつとして、独占禁止法の適用範囲を広げてデータ収集に歯止めを掛ける動きがある。ドイツ当局など欧州で目立ち始め、日本も追随した。

「個人から集めるデータは、金銭同様に経済的価値を持つ」。２０１８年12月、日本政府はデータ寡占を強めるＩＴ大手への規制に関する基本原則をまとめた。新たに打ち出したのは、サービスを使う個人ユーザーを、各社の「取引先」にあたるとみなす考え方だ。２０１９年8月には、公正取引委員会も同様の指針案を公表した。

個人ユーザーは、ＳＮＳなどの便利なネットサービスを無料で使う代わりに自分の個人データを企業側に渡す。個人データがお金と同様の価値を持つとすれば、サービスとデータの交換も「取引」といえる。

こうした解釈で、企業間の適切な取引のあり方を規定してきた独占禁止法を、企業と個人の関係にも適用する道を開いた。ＩＴ大手が不適切な形で個人データを集めれば、独禁法が禁じる「優越的地位の乱用」にあたるとして規制できるようになる。

ただ、経団連が2019年10月に「優越的地位にあたるかどうかの判断は抑制的であるべきだ」と求める提言を公表するなど、規制強化を警戒する声は日本企業からも出ている。

3　いつのまにか1強多弱

米ミネソタ州でパソコン販売会社を営むジョン・バンステッドさん（44）は2018年11月、米アマゾン・ドット・コムからのメールに衝撃を受けた。「貴社はアップル製品を売れなくなります」。5年以上前から中古アップル製品をアマゾンで売り、年約100万ドル（約1億1000万円）を稼いだ。突然それを失った。

アマゾンの支配

アマゾンは世界15カ国以上で通販サイトを展開。中小企業にも取引の門戸を開き、出荷や配送、在庫管理の面倒もみる。世界で年300億アクセスともされる集客力で、200万以上の出品企業にビジネスチャンスを与えてきた。

だが勢力が拡大して1強多弱の支配構造が生まれると、その強さによる「負の側面」に注目が集まるようになった。

経済産業省は2018年10月、アマゾンなど「プラットフォーマー」と呼ばれるIT大手との取引を巡り、国内2000社にアンケート調査を行った。8割超が「予告なく規約改定される」など不満を寄せる一方、取引の維持や拡大を望む声も8割以上あった。「ニューモノポリー」による支配力の強さが際立った。

売れ筋をＰＢに

背景にあるのは、データ独占の仕組みだ。アマゾンへの出品企業は、商品別の売上高など限定的な情報しか受け取れない。顧客の属性や過去の購買履歴など詳細データはもっぱらアマゾンのもの。出品企業が商品をどんなに多く売っても、アマゾンが顧客分析や販促ノウハウを積み上げて力を得る。

アマゾンは２００９年以降、売れ筋を分析してプライベートブランド（ＰＢ）商品も開発した。おむつやビタミン剤、シャンプーなど、その数は１００種類以上とみられる。出品企業がもたらしたデータは、競合商品に形を変える。「驚くほど似ている」。米雑貨大手のウィリアムズ・ソノマは２０１８年末、自社の椅子がアマゾンに模倣されたと訴えた。アマゾン側は「盗用にはあたらない」と譲らない。

日本の自動車産業の「系列（ケイレツ）」では、自動車メーカーが下請け企業にコスト削減を求める一方、製造に関するデータも共有し技術の底上げも助けた。だがニューモノポリーでは、顧客と接するプラットフォーマーがデータを掌握して支配を強める。

自動車メーカーも、その論理に無縁でいられない。自動運転分野では米グーグルがリード。技術開発で主導権をとられれば「支配される側」になりかねない。

「グーグルに依存したくない」。危機感は、自動車産業の覇権を長年争ったトヨタ自動車と米ゼネラル・モーターズ（GM）も近づけた。自動運転に必須の高精度地図データを共有。ライバルが組む〝常識外〟の構図を生んだ。

アマゾンから締め出されたバンステッドさんはその後、米イーベイに販路を移した。「私は平気だ」。2019年1月、ジェフ・ベゾス最高経営責任者（CEO）に手紙を書いた。

プラットフォーマーを選ぶ側にまわり再起を図る。ニューモノポリーの一強多弱は企業や個人を新たに動かし、プラットフォーマーを次の競争にさらそうとしている。

【キーワード】
IT大手の商取引の実態調査

公正取引委員会は2019年1月、米アマゾン・ドット・コムや米アップルなどプラットフォーマーと呼ばれるIT大手による商取引の実態解明に動き始めた。専用の情報提供窓口を開き、取引先からの声を募る。特定の業界をまるごと強制調査の対象にする独占禁止法の「40条調査」に踏み切ることも検討する。

「競争上問題が生じるようなら、対処する」。公取委の山田昭典事務総長は1月23日の記者会見で強調した。同日までに公取委のホームページ上に情報提供窓口を設置。独占禁止法に抵触するような不公正な取引がないか情報提供を求める。

プラットフォーマーによる取引先への圧力は、発覚しづらいといわれる。取引先が報復を恐れて口をつぐんだり、守秘義務契約が結ばれていたりするためだ。政府の有識者会議は2018年秋、「取引ルールの不透明さが不公正な取引の温床になっている」と指摘した。

情報収集に先立ち、経済産業省は2018年10月に取引先企業へのアンケート調査を実施した。中小企業の57%が「運営や契約・取引慣行を改善してほしいプラットフォーマーが多い」と回答。突然の規約変更や高い手数料を指摘する声が目立った。

プラットフォーマーの摘発は欧州が先行している。欧州委員会は2018年7月、米グーグルがスマートフォンの製造企業に不当な圧力をかけたとして、EU競争法（独占禁止法）違反で43億4000万ユーロ（約5700億円）の制裁金の支払いを命じた。

欧州委は2019年7月米アマゾン・ドット・コムに対し同法違反の疑いがあるとして正式な調査を始めたと発表した。出店企業の販売データを、自社製品の販促に不当に使った疑いが持たれている。

4　個人情報、タダでない

世界の商品取引の中心地米シカゴ。穀物や原油などに続いて今、ひそかに焦点が当たるのはデータだ。

「金融商品になるようなデータを探している」。米国金融取引所（ＡＦＸ）のリチャード・サンダー最高経営責任者（ＣＥＯ）が明かす。２０００年代に温暖化ガス排出量の取引市場をつくったことで知られる「金融先物の父」が、経済の原動力として台頭するデータに着目するのは必然だ。

原油や金と異なり、データの価値は量や重さで測れない。だがサンダー氏は確信を持つ。「データの動きをインデックス（指標）化して見えるようにすれば、取引できるはずだ」

データ市場取引

意識するのは中国だ。２０１５年創設の貴陽ビッグデータ交易所は２０００社が金融や医療、物流など４０００種類ものデータを相対で売買する。米中の有力取引所がデータの「見える化」を競う。

それらのはるか先を行っていたのがＩＴの巨人たち。膨大なデータを支配する「ニューモノポリー」の力は国家を超える。取引所や規制当局は今まで追いつけていなかった。

米フェイスブックがインスタグラムを買収した2012年、各国の競争当局は容易にこれを承認した。「従業員13人。売り上げもない。広告の競争を大きく阻害しない」。当時の英当局の審査資料にはそう記されている。

判断が甘かったのは明白だ。インスタグラムは写真共有サイトとして世界の標準を握り、利用者と広告出稿が急増した。2018年の企業評価額は1000億ドル（11兆円）。買収時の100倍だ。

ユーザーが増えるにつれ、価値が加速度的に高まる「ネットワーク効果」。その予測は難しい。英当局の買収審査部門トップ、アンドレア・ゴメス・ダ・シルバ氏は「デジタル企業の価値の測り方を見いださないといけない」と話す。

2000年以降、米グーグルなど「GAFA」が買収に投じた額は10兆円規模。対象の大半は将来競合しそうな新興企業だった。データを測る力で独走してきた巨人だが、競争関係がゆがめば不利益を被るのは個人だ。

動き始めた個人

検索やSNSなど、IT巨人が提供するサービスは原則的に無料だ。「消費者に不利益は与えない」。強まる批判に各社はこう弁明してきた。だが個人が対価として渡すデータに相当の価値が付くことがわかり、利用者の視線も変わってきた。

ＧＡＦＡのお膝元、米カリフォルニア州で「消費者プライバシー法」が２０２０年に施行される。企業が悪質な情報漏洩を起こせば、ユーザーは「１００〜７５０ドルを賠償請求できる」。欧州や日本も導入していない「データの対価」を認める。

住民立法として発案された当初は「最大３０００ドルを請求できる」という内容だった。「実行不能。世界から孤立してしまう」。焦ったＧＡＦＡが強力なロビー活動で押し返した。だが無料で膨大な個人データを集められる状況は、いつまで続くかわからなくなりつつある。

スマートフォンの普及などとともに生まれた新独占。その恩恵を享受してきた巨人も盤石ではない。データの価値を見定める力は新独占に風穴を開け、次の秩序への一歩になる。

【キーワード】

データも考慮する合併審査

日本政府は企業結合の審査ルールを見直し、データの価値を審査項目に加える検討を2019年から始めた。公正取引委員会は同年10月、「企業結合ガイドライン」の改定案を公表した。プラットフォーマーと呼ばれるIT大手が、M&A（合併・買収）を通じてデータ寡占を進めることに対応する動きだ。データの価値を算定する手法などが課題になりそうだ。

現行の審査は対象企業の市場シェアなどを重視して、市場の競争に悪影響を与えないか判断する。だがIT大手は近年、有望企業が小さいうちに次々と買収。数年後に急成長しデータ寡占を招く例が問題視された。

米フェイスブックは2014年、ライバル候補だった対話アプリ「ワッツアップ」を約190億ドルで買収。米欧の当局も承認した。現在は多くの専門家が「新規参入の芽が摘まれ競争が阻害されたのに、見抜けなかった」と振り返る。

ドイツとオーストリアは2017年に審査手法を変更。従来は売上高で審査対象を決めたが、基準に「買収時の価値」も加えた。売上高が少なくても貴重なデータを持つ企業に対するM&Aも審査できるようにした。ただ金子佳代弁護士は「審査事例がまだ少なく、手探り状態だ」と指摘する。

日本も公取委の改定案で、IT大手が総額400億円以上の企業買収をする場合に申告を求めることを盛り込んだ。

ただ、どうすれば適正にデータの価値や影響を測れるのかは、各国でも結論が出ていない。日本の公取委も今後、同じ難題に直面する。

やってみた⑥　AIが測るイケメン度　顔認証技術のお手並み拝見

美人度やイケメン度を測るAIがある。数百万人の画像データから「美の基準」を学習させたという測定ソフト。開発したのは香港のベンチャー企業、商湯科技（センスタイム）だ。実際に自分の顔はどう評価されるのか。記者（32）がおそるおそる試してみた。

100点満点で「顔値」を測定

まずタブレット端末のカメラ機能を使って自分の顔の画像を測定ソフトに読み込ませる。見慣れた自分の顔が画面に現れたが、顔のあちこちには緑や青の点が重ねて表示され、眼球は黄色くかたどられていた。顔の輪郭のほか、目や鼻など各パーツの大きさや形、バランスなどを測定しているという。顔を映して1秒以内に、おでこのあたりに「顔値73、年齢35」という判定結果が示された。

結果は100点満点の「顔値」という値で示され、70点が平均的。80点以上だと、いわゆる美人やイケメンにあたり、90点以上は芸能人レベルという。記者の測定結果は平均をわずかに上回るレベル。ほっとしたような若干悔しいような、なんともいえない気持ちになった。年齢が実際より3歳高く測定されたのも、老け顔と落ち込むべきなのか、貫禄があると喜ぶべきなのか。

そもそもこのソフトは、どういう仕組みで測定しているのだろうか。センスタイムの説明によると、まず数百人の人間の判定員に数百万人分の顔写真データベースから選んだ同性2人の顔を見比べさせてどちらが美人、イケメンかを決めさせる。この作業を繰り返して得られたデータをAIに読み込ませた。AIは、目の大きさや鼻の位置、口の形、輪郭、各パーツのバランスなど、どのデータがどれだけ人間による美人判定に影響するかの規則性を分析し、採点基準を導き出した。その結果、顔の画像データをみれば、瞬時に美しさを採点できるようになったという。

表情変えると点数は上下

採点に際し、AIは顔の百数十点のポイントに注目。特に輪郭、目、口を重視し、それぞれの周りに多く測定ポイントを配置している。光の反射具合で、肌の美しさも見極める。あくまで顔を判定するため、髪形は採点の対象外だ。

実は、表情を変えたり眼鏡を外したりするだけでも顔値は変化する。「顔を採点されるなんて」と抵抗感を覚えたのは最初の数分間だけ。気づけば、どうすれば顔値が上がるのか、夢中になっていろんな表情を試している自分がいた。

口角を上げ、眼鏡を外すと若干点が上がった。記者は普段は一重まぶたなのだが、目に力を入れて強引に二重まぶたにしてみると、一気に10点近く上昇して80点台に乗った。これでイケメンの仲間入りか。一瞬喜びかけたものの、自力の二重まぶたは長続きしない。「やはりぱっちりした目の方が美しいのか」と落ち込みかけたが、「しょせん、センスタイムの判定員がまとめた最大公約数の基準でしかない」と自分で慰めた。同じＡＩでも、基準作りのための判定員が別のメンバーだったら異なる結果が出たはずだ。もちろん今回よりも高い点数が出るとは限らないのだが……。

センスタイムの日本法人、センスタイムジャパンの広報担当、西岡千佳代さんは「あくまで話題づくりのために作ったソフトで、実用化はしていない」と話した。同社の本業は、監視カメラやスマートフォン（スマホ）に使う顔認証技術の開発。世界的に若者に流行した写真アプリ「スノー」に技術提供していたのも同社だ。

監視カメラにも技術活用

顔認証技術を利用した監視カメラの威力も体験させてもらうことにした。自分の顔画像を「要注意人物」として登録すると、室内に設置した監視カメラに映った瞬間、「一致率89％」という文言と赤い警告表示がモニターに表示された。部屋を薄暗くして、目立たないようにうつむきがちに動いても、カメラがとらえた瞬間に検知された。同社の監視カメラは、人が密集した状態でも１００人の顔を同時に認識できるという。

中国では、顔認証技術があらゆる場面で活用されている。「新しいサッカーシューズの購入はいかがですか？」。中国・上海の蘇寧電器の無人店舗。店内のディスプレーの前に立つと、顧客ごとに別々のお薦め商品が表示される。店内の監視カメラが、あらかじめ登録した顧客の顔を特定し、購買履歴データに応じた商品を薦める。決済も顔認証のため、レジも財布もなしで買い物が終わる。

センスタイムは中国の治安当局とも協力。街頭に設置したカメラがとらえた映像から、当局が追っている容疑者を割り出す。例えば広州市では2017年以降、同社の技術で約100件の事件が解決したという。

「すべてを監視」の不安も

監視カメラの世界シェアは1位、2位が中国企業。センスタイムのようなベンチャー企業も次々と現れ、中国の地方政府や企業と連携して技術力を高める。便利になる一方で、街中で信号無視した人を特定したり、反政府活動に携わる人物の行動を追跡したりするなど「監視社会」の広がりを懸念する声もある。富士通総研経済研究所の趙瑋琳上級研究員は「欧州などに比べ中国人はプライバシーに対する意識が低く、個人情報の保護よりも効率的で便利になる方を優先する傾向がある」と指摘する。

センスタイムの技術力を体感した後、記者の気持ちはどう変わったか。小心者なせいか、便利さが高まる理想郷（ユートピア）への可能性よりも、あらゆる行動を監視される監視社会への不安が先にたった。顔値の測定に夢中になっているうちに「自分の顔画像が記録され、今後中国で取材するときに影響するのではないか」という不安もよぎった。

広報の西岡さんは「データを使うのは取材の場限りです」と笑って約束してくれた。だが無数の情報が飛び交うネット社会で、誰かが記者の画像データを本気で集めようと思えば難しくはないだろう。もしかしたらこうしているうちにも、どこかで私の画像が集められ、分析されているかもしれない。

第6章 混沌の新ルール

膨大な情報を成長に生かすデータエコノミーの広がりとともに、国や企業を動かす従来の論理は通用しなくなった。新たなルールがいまだ混沌とする中、データ争奪のゲームが続く。

1 デジタル覇権、国家が争奪

日本代表団は一斉に息をのんだ。

2018年7月、米ワシントン。日米の経済官僚が集まった「日米ネット経済協力対話」で、米商務省のジェームス・サリバン次官補代理が思わぬ議案を持ち出した。「自由で開かれたデジタル貿易を促すため、環太平洋経済連携協定（TPP）に代わる枠組みを日米で主導しましょう」

データ版TPP

米側が示したのは、トランプ大統領が離脱を表明したTPPのデータ版ともいえるような構想だった。

国境を越え、企業が持つ個人データを自由にやり取りする。土台はアジア太平洋経済協力会議（APEC）の「越境プライバシールール（CBPR）」だ。現在は日米韓カナダなどの参加にとどまるが、ベトナム、台湾、南米にも広げる。

米国は新たな「中国包囲網」づくりに動き出した。

かつて国の力は労働力としてのヒト、天然資源や生産設備などのモノ、金融資本の力であるカネが決めたが、そんなルールだけでは語れなくなった。今や、あらゆる国が我先に求めるのがデータだ。ヒトなどは簡単に増やせないが、データは使い方次第で新産業やイノベーションを生み、猛スピードで国の経済力を高めるからだ。

20世紀に国家の経済力の土台だった石油に代わる、新たなデータ資源は世界の勢力図を塗り替える。米国が対中戦略を急ぐ理由もここにある。

2018年6月、南太平洋に浮かぶソロモン諸島。中国・華為技術（ファーウェイ）が受注した海底ケーブル工事にオーストラリア政府が反対し、同社を締め出した。「シドニーにつながるケーブルから、機密情報が流出しかねない」という豪秘密情報部（ASIS）の提言が理由だった。最終的に華為の計画は取りやめになったが、中国の拡大意欲があらわになった。

世界のデータ通信の99％が海底ケーブルを通る。米国は太平洋から「海の情報ハイウエー」を延ばし、中国は対抗するかのように、東南アジアからインド洋、アフリカまでケーブル網を広げる。それは広域経済圏構想「一帯一路」と重なる勢力拡張シナリオだ。

データの世紀を育んだインターネットの商用利用からおよそ30年。先行した米国は世界のデータを米国内のサーバーに集め、革新的な技術やサービスをつくり出してきた。象徴のGAFA（グーグル、アップル、フェイスブック、アマゾン・ドット・コム）は時価総額が10年で10

倍に増え、総額400兆円に近づく。その「デジタル超大国」に異変が起きつつある。

米調査会社シナジーリサーチグループによれば、大型データセンターの分布シェアは日米中など10カ国の「データ資源国」が全体の8割を寡占する。40％を占める米国は首位を保っているが「一強体制」は崩れてきた。

2位の中国は国内ネット利用者が9億人と米国の3倍。インドなど新興国にも追い上げられ、米国のシェアは数年以内に30％台に下がる見通しだ。世界中の個人情報を独占してきたGAFAには、同じ西側の欧州連合（EU）が「一般データ保護規則（GDPR）」を導入してけん制する。日本も公正取引委員会を中心に追随の動きを見せる。

新しいルールである「GAFA規制」の影響がどう出るかはまだ見えない。混沌は続くが、データを軸にした競争は新たな勢力の台頭も促す。

石油の世紀に世界を牛耳ったのは、中東など豊富な石油埋蔵量を誇った資源国ではない。高度な技術を使い、石油を燃料にした自動車や航空機などの産業を育んだ日米欧の主要7カ国（G7）だ。大量のデータ資源だけ確保しても、それを生かす技術や知恵がなければ、国の経済力や豊かさには結びつかない。

動くウィンテル

人口870万人の中東イスラエル。大型データセンターも海底ケーブルも少ないが、画像認識やサイバー対策などの先端技術で世界をリードする。人口560万人のシンガポールはGAFAのデータセンターを積極的に誘致。配車アプリで東南アジア最大手となるグラブを生み出した。

食指を動かしたのが、パソコン全盛期に一時代を築いた米国の「ウィンテル」だ。インテルは自動運転技術に強いイスラエルの半導体メーカー、モービルアイを1兆7000億円で買収した。マイクロソフトはグラブへの出資を決めた。

企業は国に頼ってばかりでなく、時にしたたかに立ち回る。

データ資源や技術でリードする米中、そして日本を含む20世紀のリーダー国家だけで、データ時代の世界地図は描けない。大国が「デジタル保護主義」に傾いても、それ以外の国が追い抜く下克上の機会はある。従来のルールでは捉えきれない、国家同士のグローバル競争が始まっている。

【キーワード】

CBPR

APECが2011年に合意した域内でのデータ移転ルール。正式名称は「越境プライバシールール」で、「Cross Border Privacy Rules」を略してCBPRと呼ばれる。2019年10月時点で米国、日本、韓国、カナダ、メキシコ、シンガポール、オーストラリア、台湾の8カ国・地域が参加する。

CBPRの参加国間で、企業が持つ個人データをやり取りできるようにする。企業が顧客から集めたクレジットカード情報などを国外に持ち出すには、各国の法制に従う必要がある。だが国ごとに違う基準に合わせるのは煩雑だ。そこで統一の基準を設け、各国企業は認証団体の審査に通れば、データを国外に移転できる枠組みを取り入れた。

データ規制を複数国で統一すれば域内での企業活動が活発になる。一方、EUや中国も独自の規制を導入し、「データ経済圏」が乱立しかねない状況でもある。関連規制の擦り合わせなど、データを巡る外交戦略の重要性が増している。

【キーワード】

海底ケーブル

無数の光ファイバーを束ねる海底ケーブルは、世界のデータ通信の99％が通る「ネットの海の道」だ。総延長は地球30周分に及ぶ。データエコノミーの土台を巡る陣取り合戦でも、米中の二大陣営が激しくしのぎを削る。

米調査会社テレジオグラフィーによると、海底ケーブルの総延長は約120万キロメートルに達する。新興国でのネット普及などを背景に2016年ごろから敷設が加速し、2020年にはさらに2割伸びる見通しだ。

積極的なのが、米IT（情報技術）大手のグーグルとフェイスブックだ。2016～2020年に完成する全ケーブルの3分の1に当たる約15万5000キロは、両社のいずれかが出資したものになる。米国と日本、欧州、オーストラリアなど、先進国を結ぶ太平洋や大西洋の通信網で投資拡大を進める。

対抗するのが中国電信、中国聯合通信、中国移動通信の中国国有の通信大手3社だ。中国本土からのケーブルにとどまらず、中東やアフリカなど新興国でも活発に投資を進める。2018年に完成し、アフリカと南米を初めて直接結んだ海底ケーブルも、中国マネーで作られた。

国や大陸をまたぐケーブル敷設は莫大なコストがかかるため、競合する米中企業が相乗りで出資する例も多い。KDDI海底ケーブルグループの戸所弘光シニアアドバイザーは「出資額や経由地を巡り、企業間の駆け引きも激しい」と明かす。

米シスコシステムズは2021年のデータ流通量が2016年の3倍になると予測する。2020年代には超高速の次世代通信「5G」が普及するほか、通信衛星拡充の動きもある。21世紀の経済を支える情報インフラを巡り、多くのプレーヤーが火花を散らす。

2　見えざる資産、企業動かす

老舗カジノが持つデータの価値が、激しいM&A（合併・買収）合戦を呼び込んだ。

２０１８年10月、米カジノ大手シーザーズ・エンターテインメントに対し、大型の買収提案が持ちかけられたとの観測が駆け巡った。仕掛けたのは著名資産家のティルマン・ファティータ氏だ。

シーザーズは世界で50以上のホテルやカジノを持ち、時価総額は60億ドル（約６７００億円）と見積もられていた。M&Aは通常、資産などに基づく「マネー」の価値が注目されるが、今回は別の焦点も浮かんだ。

同社が持っていた総合顧客データベース「トータル・リワーズ」だ。かつて10億ドルの値がついたこともある、財務諸表に計上されない「宝の山」だった。

査定額10億ドルに

５５００万人以上の顧客の誰が、いつ、どんなサービスを利用したかを詳細に記録し、マーケティングの源となっていた。２０１５年にシーザーズの子会社が破産した際、債権者による関連資産の査定でラスベガスの大型ホテルより高く評価された。

シーザーズを巡っては競合の米エルドラド・リゾーツも買収に名乗りを上げ、ファティータ氏とつばぜり合いを繰り広げた。最終的にエルドラドが競り勝ち、２０１９年６月に85億８０００万ドル（約９２００億円）でシーザーズを買収することに合意した。

カリフォルニア大のジム・ショート教授は「企業が持つデータに巨額の値がつくようになった」と話す。土地や設備など「目に見える資産」よりデータの資産価値が重視され、Ｍ＆Ａなど企業経営の基本ルールが崩れ始めた。データを軸にする企業戦略はスピードをどんどん速めていく。

ビジネス向け交流サイト（ＳＮＳ）大手の米リンクトインは２０１５年、オンライン学習サイトの米リンダを15億ドルで買収した。リンダの学習コンテンツを、ユーザーの利用頻度アップにつながる武器とみた。

ビジネス層の顧客拡大に成功したリンクトインは翌２０１６年、すぐに米マイクロソフトにのみ込まれた。買収額は２６２億ドルだ。データは集まれば集まるほど、幾何級数的に企業価値を高め、ドミノ式のＭ＆Ａの連鎖を生む。

課税の常識覆す

データの価値には、国家も敏感に反応する。イスラエルは２０１６年、新たな税制を導入した。国内に支店や事業所がなくても、同国民にネットサービスを提供すれば法人税を課す。狙いは国境なき世界で急成長する米グーグルなどＩＴの巨人だ。

支店や工場などの拠点がなければ、現地では法人税がかからないのが伝統的な課税ルールだ。だが利益の源泉の変化を追わなければ、各国の税収は減ってしまう。インドも２０１６年、ネット広告を販売する海外企業に売り上げの６％の税を課す新税を導入した。

イタリアやスロバキア、ウガンダなども次々にデータ経済に目を向けた新税制を打ち出している。新たな「デジタル課税」は、ネット空間に国境を引き直そうとする国家による反転攻勢の動きにもみえる。

国際課税に詳しい山川博樹税理士は「日本も人ごとでない」とみる。日本企業もあらゆる業種がデータと関わり、課税強化の影響を受けかねない。一方で国内ルールも見直さなければ、日本の税務当局が各国で過熱する課税合戦に後れを取る恐れもある。

「見えない資産」のデータがどれほどの富をもたらすのか。

ショート教授は「適正価格の判断は難しいのが現状だ」と指摘する。伝統的な物差しは通用しない。企業や国家が情報鉱脈を掘り当てる目利き力を競い、データの世紀の新たなルールは生み出されていく。

【キーワード】
デジタル課税

現行の国際課税ルールはウェブサービスなどを通じて利益を上げる大手ＩＴ企業に対し、十分に対応できていないとの批判がある。そのため20カ国・地域（Ｇ20）と経済協力開発機構（ＯＥＣＤ）で「デジタル課税」の新ルールを巡る議論が進む。２０２０年までに結論を出す予定だが、各国の主張の対立は深く難航しそうだ。

企業がサービスや商品を販売した場合の税額は、支店や工場などの経済的拠点をもとに算定する。現行の国際課税ルールでは、こうした拠点から生まれた利益に課税するのが原則だ。

だがグーグルやフェイスブックなどに代表される米ＩＴ大手は、ネットを通じて世界中にサービスを提供する。それと引き換えに集めた膨大な個人データを利益に変えることで成長した。「拠点をほとんど持たずに高い利益を上げる」という従来、想定されなかったビジネスモデルのため、課税をしにくい問題があった。

ＩＴ大手は租税回避地（タックスヘイブン）を使う節税策にも積極的だ。ＥＵの欧州委員会は2018年3月、「デジタルビジネス企業の税負担率は9・5%。伝統的ビジネス企業（23・2%）の半分以下だ」と批判した。

デジタル課税の強化に最も積極的なのは欧州だ。EU域内では一時、①IT企業への課税ルールの抜本的見直し、②見直し実現までIT企業の「売上高」に課税する暫定措置の導入――などの新ルールが議論された。英国やフランスなどに独自課税の動きも出た。

グーグルなど巨大IT企業の存在感が高まる米国や、アリババ集団や騰訊控股（テンセント）といった新興IT企業を抱える中国などは、こうした欧州の「IT狙い撃ち」の姿勢を警戒する。一方、イスラエルやインドなどの新興国は、議論の進展を待たずに独自の課税強化に踏み切る。

国際協調の枠組み作りは難しい道のりになりそうだ。

3　30年前の私を消して

「14歳の娘が見るかもしれない。消してください」

2018年夏、米グーグルにこんな要請が届いた。差出人はエイミー・スミスさん（仮名）の代理人だ。

半分以上は消えず

過去に芸能界にいたスミスさん。ネットには30年前のグラビア写真がいまも残る。「ネット公開は承諾していなかった」と、写真へのリンク15件を検索結果から削除してほしいとグーグルに訴えた。

スミスさんがよりどころとするのは「忘れられる権利」だ。個人が持つ権利の一つとして、ネット上の個人情報の削除を要求することができる。EU司法裁判所が2014年に認め、2018年5月施行のGDPRで規定された。

1789年にフランスで採択された人権宣言は自由と平等を保障し、市民社会の礎となった。それから200年あまり。人権発祥の地である欧州でまた、ネット時代の人権ルールを巡り激しい議論が巻き起こる。

答えはなお混沌の中にある。これまでにグーグルに330万件のリンクの削除要請が届いたが、実際に消えたのは半分以下の約130万件にとどまる。削除もEU域内に限られ、日本や米国ではそのままだ。誰も「私」を守ってくれないなら、自衛するしかない。

「グーグルは使っちゃいけないよ」。フランス出身で都内に住む研究者、マークさん（45）は2人の娘に言い聞かせる。むやみに個人情報を同社に渡さないためだ。自身も2016年ごろからグーグルのメールや地図などの利用をやめ、プライバシー保護をうたう代替サービスに乗り換えた。

他人に「私」を管理してほしくない。そんな思いで始めた「脱グーグル」だが、検索サービスだけは「使わないと仕事が進まない」。自分の関心や仕事に関する情報がグーグルに蓄積されていく。それでも仕事のためには個人データを明け渡さざるを得ないと嘆く。

もう一つの日本

個人の情報を独占し、巨大IT帝国を築いたグーグルやフェイスブック。便利なサービスを無料で提供する事業モデルは世界中の支持を集めた。ただ個人データを提供しなければ、ほとんどのサービスは使えない。ネットに残した「私」の痕跡から、企業は利益をあげる。

「新作のグレーのジャケット、20％引きなら買いますか」。大手アパレル企業の問いかけに、数千万人が瞬時に回答した。ITベンチャー「SENSY」（東京・渋谷）による需要予測システムだが、質問に答えるのは人間ではない。実在の人間の消費履歴などから一人ひとりの「人格」をコピーした人工知能（ＡＩ）だ。

購買記録などを学習し、消費者の感情の動きや好みなどを解析して、ＡＩによる「もう一人の私」をつくる。それを製品開発に応用しようと、アパレル企業などが動き出した。いつの間にかＡＩは増殖し、１億人分に達しようとしている。国民の大半をカバーする「もう一つの日本」が誕生する。

「個人情報と引き換えに、無料で便利なサービスを使いますか」。スマートフォンやＳＮＳの使用時に出る「利用規約」は問う。プライバシーの提供に見合った対価は得られているのか。一人ひとりがとらえ直す時期に来ている。

【キーワード】
忘れられる権利

インターネットが普及した2000年代以降、欧州を中心に「自分の情報を消すことを企業などに求めることができる」という新しい権利が議論されるようになった。自分の情報が不要に拡散しないように管理する個人情報保護の一つとして徐々に認められた。

注目を集めたのは2014年5月。スペインの男性が自分の過去の情報に関する検索結果を削除するよう米グーグルに求めた裁判だ。欧州司法裁判所が判決で初めて、この権利を認めた。

忘れられる権利は、2018年5月に施行されたEUの個人情報保護の新ルール、GDPRでも「削除権」として定められた。同規則17条は「もはや個人データが不要となった」場合などに、データを保持する側が削除に応じる義務があると規定する。

検索サイトだけでなく、個人データを持つあらゆる企業に対応義務がある。削除対象のデータの種類も、犯罪歴や過去の交友関係など当事者にとって「不都合な」ものに限らない。グーグルは2014年以降、個人などからの要請を受けて約130万件のリンクを削除した。

ただ欧州以外では考え方に温度差がある。米カリフォルニア州で2020年から施行する予定の「消費者プライバシー法」は、消費者が企業に個人情報の削除を求めることができる、GDPRに似た仕組みを導入する。ただ他州で追随する動きは限られる。米国は表現の自由を重視し、情報削除に慎重な考えも根強い。

日本でも2015年、さいたま地裁が出した決定の中で「過去の犯罪を社会から『忘れられる権利』がある」と言及した例がある。だがその後、東京高裁は「法律で定められたものではなく要件や効果が不明確」と否定した。削除の対応は原則的に名誉毀損やプライバシー権侵害の場合などに限られているのが実情だ。

4　26億の瞳、国家が管理

インド・ニューデリー市南部の貧民街。子供と孫の15人に囲まれるサラ・マノーさん（55）を救ったのは、政府の国民総背番号制「アーダール」だった。

虹彩情報も登録

夫を亡くした2013年に、氏名や顔写真とともに指紋、両目の虹彩情報を登録し、初めて身分証を受け取った。一家の生活費は月1万5000ルピー（2万3000円）だ。楽ではないが政府の生活支援が始まり、銀行口座と携帯電話も持てるようになった。「携帯でテレビ代を払ってくれてるの」。娘がスマホを使いこなす姿に目を細める。

先進国の先端技術を模倣し後追いする。壁になる規制や既存産業のしがらみはない。新興国が従来とは違うパターンで発展していく「リープフロッグ（カエル跳び）」現象が世界に広がる。ゲームのルールを変える原動力になっているのがデータエコノミーだ。

アーダールにはインド13億人の9割超が登録。世界最大の生体情報付き個人データベースとして現地企業も活用する。「1カ月99ルピー、14ギガバイトのデータ通信が使い放題」。マノーさんの娘が使うリライアンス・ジオの携帯料金は「世界最安」とされ、アーダールを土台に利用者を急速に増やす。

インドの国内総生産（ＧＤＰ）は２０２３年に４兆ドル超（約４５０兆円）と２０１４年比で倍増する見通しだ。同じ４兆ドルまで倍増させるのにドイツは26年かかったが、データの世紀は新興国にかつてない高速成長をもたらす。

だがそこには代償も潜む。

２０１８年９月、インド最高裁判所。アーダールが国民のプライバシーを侵害していると し、人権活動家らが政府と争った訴訟の判決が出た。最高裁はアーダールを合法と認めたが「データの利用は慎重にされるべきだ」とくぎを刺した。通信履歴や口座情報が政府に筒抜けになることを嫌う富裕層を中心になお反対論が広がる。

国民が政府を監視

エジプトでは２０１８年７月、議会がＳＮＳの新規制を導入した。「偽ニュース対策」を理由に、５０００人以上のフォロワーがいる個人のＳＮＳを監視対象にした。国家管理が過ぎれば、せっかく手に入れた経済成長の代わりに自由を失いかねない。解はないのか。

欧州バルト３国の小国エストニア。官民を挙げた「電子政府」事業が関連ＩＴ企業を生み、17年には４・９％の経済成長を実現した。住所変更から会社登記、銀行取引もネットで済ませられる。政府の国民監視につながりかねないが、新たな仕組みを取り入れた。

「8月1日、税務当局があなたの口座情報を閲覧しました」。電子政府のショールームで働くトビアス・コッシュさん(30)がデモ画面を見せてくれた。最大の特徴は、政府機関が自分のどんな個人情報にアクセスしたかを逐次確認できることだ。

理由の開示を求めて直接苦情も申し立てられる。コッシュさんは「(小説『1984年』に登場する架空の独裁者)ビッグブラザーの発想を逆転させた仕組みだ」と話す。

データエコノミーがもたらす豊かさと個人の束縛はコインの裏表だ。負の側面を抑えながら、自分たちの果実をどう大きくしていくか。新しい知恵が問われている。

【キーワード】

インドのアーダール

IT振興に力を入れるインド政府の切り札になるのが、2010年から始めた独自のマイナンバー制度「アーダール」だ。ヒンディー語で「基礎」を意味するアーダールは、文字通りインドの経済と社会を支える情報インフラとなっている。

国民は政府のデータベースに必要となる個人情報を登録する。12桁の個人番号カードを受け取り、補助金や教育、医療を受ける際の身分証に使う。システムの開発では日本のNECも協力した。ターバンやひげで顔が覆われていても、高精度で個人識別が可能という。

政府が身分を保証するため、個人にとっては銀行口座や携帯電話を持つことが容易になる。2017年には成人の口座保有率が8割と6年前の4割から急拡大した。数%にとどまっていたスマホの普及率も2018年は約3割に拡大したもようだ。

企業にもアーダールのシステムに接続するための仕様を公開しているのが特徴だ。スマホの電子決済なども簡単に使えるようになり、アーダールと連携した新サービスが続々登場している。

インドには戸籍制度がなく、政府が貧困層を正確に把握しきれないなどの問題があった。補助金の支給が滞り、役人や業者によるピンハネ行為も横行している。アーダール導入にはこうした不正を解消する狙いのほか、課税漏れ対策の側面もある。

同様の仕組みは他の新興国にも広がる。フィリピンは生体認証情報を組み入れた国民IDの発行を決めた。2020年代前半にも1億人超の全国民に行き渡らせる計画だ。スリランカやケニア、モロッコも導入に動いている。世界銀行によると、世界ではなお11億人以上が個人を特定できる証明書を持っていない。

やってみた⑦　迫るニセ動画量産、米国が払う「自由の代償」

「ディープフェイク」という言葉が世界的に注目されている。口の動きや音声を合成し、本物そっくりの偽動画を作り出す新技術の総称だ。政治家や有名人の架空の演説などをインターネットで流すこともでき、民主主義を危機に陥れる悪質なフェイクニュースにつながりかねない。

実際に短時間で完成度の高い偽動画を作ることができるのか。日本経済新聞社の研究組織「日経イノベーション・ラボ」の研究員が試してみた。

トランプ大統領の偽動画に挑戦

作ってみたのはトランプ米大統領、メルケル独首相、安倍晋三首相のそれぞれの偽動画だ。長さはそれぞれ5秒程度で、音声はつけず、表情や口の動きをいかに自然に合成できるかに集中した。合成にはネット上で公開されている、ディープフェイク用の画像生成エンジンを利用した。

合成動画の作成はまず、本人のサンプル動画をできるだけたくさん集め、作成エンジンに学習させることから始まる。合成の〝材料〟にするための大切な作業だ。

学習完了後は、いよいよ合成に入っていく。

研究員がカメラの前で「偽動画に表れる人物にこういう表情をさせたい」という顔をする。そうするとソフトが自動的にそれに近い表情のサンプル動画を選び出し、合成してくれる仕組みだ。

特に重要なのが口だ。大きく開ける、閉じる、口角を上げるなど、様々な動きが相手に与える印象を左右する。偽動画上で言わせたいセリフを想定し、それに合わせて口の動きをうまく合成すれば、より本物らしくすることができる。

最初は合成部分にズレやぼやけが目立った。このためサンプルを増やし、合成の完成度を高めた。数時間の作業を続けると、だんだん合成部分が周囲の映像となじみ、自然な仕上がりに近づいた。

最も偽動画を作りやすかったのがトランプ氏だ。本人は普段から口の動きが大きく、表情も豊かだ。さらに正面を向いたサンプル動画も多く、より良質の合成材料を多く集められたことが功を奏した。

メルケル独首相は、表情の乏しい動画が多く、合成でブレが出やすかった。一方、安倍首相はトランプ氏やメルケル氏よりも口の動きが小さく、合成するとつぶれた動画になりがちだった。日本語は英語などと比べて発声時の口の動きが小さいため、合成は比較的難しいようだ。

フェイク動画増加の危険

一連の作業は2人のメンバーが、仕事の合間に延べ10時間以下で終えた。わずか5秒程度の無声動画とはいえ、それなりの完成度に達したと思える。

トランプ氏の動画をみた取材班のメンバーは「ぱっと見ただけだと、本物と見間違う人もいるだろう」と感想を漏らした。

以前からプロの映像制作会社などが高価なソフトを使えば、質の高い偽動画を作ることは可能だった。だが現在は合成技術がネット上で公開されている。いまや専門家でなくても、低コストで本物と見分けがつきにくいほどの偽動画を作れる時代になった、と今回の試作で実感した。さらに時間と手間をかければ、もっと完成度を高められるだろう。

画像補正ソフトを悪用した偽画像や合成画像は、これまでもネット上でしばしば問題になってきた。

ディープフェイクはその進化版といえるが、米スタンフォード大学のハーバート・リン上級研究員は「低コストの偽動画量産は、従来の単なるフェイクニュースよりはるかに社会にとって危険だ」と警告する。「感情に訴える動画の力に抗する理性を、大衆に期待するのは難しい」と悲観的だ。

対策も裏目に

対策はないのか。

例えば、本人が自分で実際に撮影したことを示すための電子署名やタグなどを付けることは技術的には可能だ。だがリン上級研究員は「問題は多くの人がそういうタグに関心を持たずに視聴して、影響されてしまいかねないことだ。技術だけでは解決できない」と話す。

フェイスブックはフェイクニュース対策で苦い経験をしている。同社は2016年、米大統領選を巡ってフェイクニュースの拡散元になったとの批判を受け、対策を発表した。第三者機関が「事実か疑わしい」と判断した投稿に「議論あり」のタグをつけて注意喚起する取り組みを始めた。

だがタグ付けされても投稿のURLを少し変えれば、簡単にタグを回避できるという弱点が判明し、そうした〝タグ逃れ〟が続出した。タグ逃れをした偽ニュースの信ぴょう性を逆に高めてしまう副作用が出た。

米イェール大学の調査では、ニュースを主にソーシャルメディア経由で取得する18～25歳の集団では、タグ逃れフェイクニュースを事実と間違う割合が、他のフェイクニュースに比べ4%以上上がることが判明した。

ディープフェイクに対抗しようと、動画が加工された痕跡を自動的に検知する技術の開発も進んでいる。

グーグル出身の研究者ティム・フアン氏によると、複数のネット企業が巨額の投資をしており「ディープフェイクの技術の進化をしのぐ可能性もある」という。さらに同氏は「政府は検知技術を開発するオープンソースのプロジェクトに資金を投じていくべきだ」と提言する。欧州では政府や広告主がネット企業に同技術の開発圧力を強めている。

皮肉ないたちごっこ

一方で米シンクタンク、CDTのディレクター、エマ・ランソ氏は「最先端の自動分析ツールでも、まだ検知を自動化するには不十分な精度だ」と指摘。対策技術の発達には悲観的だ。もともと表現の自由が重視される米国では、フェイクニュース対策とはいえ、検閲につながりかねない技術の開発や利用には慎重な意見も多い。

果てしなく続くようにみえる、技術のいたちごっこ。自由がテクノロジーを育んだ米国は、肥大化したテクノロジーが今度は自由の土台を揺るがすという皮肉な事態に悩まされている。

あとがきにかえて

デモクラシーの香り漂う大正のこと、「東洋一」とも呼ばれる大型オフィスビルが東京駅の目の前に開業した。丸ノ内ビルヂング、通称「丸ビル」である。

丸ビルは１９２３年（大正12年）に完成すると、近代日本のビジネス街を象徴する建築物になった。建築主の三菱合資会社は斬新なコンセプトと最新の建築技術を取り入れている。低層階には誰でも入れるショッピングモールをつくり、エレベーターはいくつも据え付けた。

なにせ、下駄や草履をはいている人がいた時代である。テナントの人たちのために「安全第一ビルヂング読本」という冊子がつくられた。言うなれば、丸ビルのマニュアル、べからず集のようなものである。読本には、今では滑稽に思えるルールがつづられている。

「入口の近くに、立ち止まらぬこと」（玄関の巻）

「乗る前に、此昇降機は何階行きか、上りか下りかを、よく確かめて、乗ること」（昇降機の巻）

「手や顔の外は、一切洗はぬこと」（手洗所の巻）

読本の一文一文を読み返してみると、一世紀近く前、最先端のオフィスビルを前にして戸惑う人々の姿が思い浮かぶ。

ところが、三菱合資会社の流れを汲む三菱地所の社史によれば、人々の間には未体験の世界への好奇心やあこがれもあったらしい。俳句雑誌「ホトトギス」の発行所は丸ビル開業当初からの店子だった。ホトトギスを主宰した俳人、高浜虚子は屋上に出てみたときの様子を随筆に書き残している。

「四方の塀の上から往来を見下ろすと、右往左往に歩いてゐる人は蟻のやうに小さく見え、其間を電車や自動車がオモチヤのやうに駈つてゐた」

まるで摩天楼からの鳥瞰を楽しんでいるかのようではないか。私には虚子の気分の高揚、そして進取の時代の息吹が感じられてならない。

変革のエネルギー

人は未知のテクノロジーとその革新性に触れると、不安や困惑を覚えることがある。もちろん、期待や希望を抱くこともある。

そんな人々の反応は洋の東西を問わない。テクノロジーの進歩は、いつでもどこでも私たちの社会に変革のエネルギーを運んでくるからである。

太平洋の向こう側にあるアメリカでは、同じころ、もっと大きな変革の波が人々の暮らしに押し寄せていた。

モータリゼーションである。

「自動車王」のヘンリー・フォードによって、先端テクノロジーの塊である自動車の大量生産システムが確立し、アメリカに車社会が出現した。乗り物が馬車から車に変われば、モノを運ぶスピードが上がる。人の移動が激しくなる。郊外で暮らす人々の生活は便利になり、ダウンタウンから離れたところに住宅地が次々と造成された。

自動車メーカーを頂点とする製造業が発展すると、アメリカに豊かなミドルクラスが育まれていく。誰もが車に乗るようになり、車は通勤や買い物などの日常生活、家族のレジャー、さらに若者たちのデートに欠かせなくなった。

アメリカの産業史をひもとけば、20世紀はゼネラル・モーターズ（GM）やフォード・モーターなどの巨大自動車メーカーが世界を代表するビッグビジネスとして君臨していく時代である。アメリカという国家そのものは軍事力と技術力、経済力を兼ね備え、超大国の座を固めていった。

新しいテクノロジーの登場こそ、人々のライフスタイルに変化をもたらし、企業の競争力も左右する。そして、社会のあり方や国力まで決定づけるのである。

一方、モータリゼーションが進むにつれ、問題点もあらわになった。交通事故の急増である。世界各国は事故を防ぐため、交通ルールなどを整備していった。それでも、私たちは今も交通事故という悲劇を完全になくせてはいない。

斬新なテクノロジーは古い常識を書き換える力を秘める。ただし、その力には、ときに「破壊的」といっていいほど荒々しい面があることは否めない。

人類は最先端の技術の普及に伴う弊害に直面しながら、自分たちの生活がより便利に、より豊かになるよう知恵を絞ってきた。テクノロジーによる変革の力と影響をコントロールしようとしてきたのである。

21世紀の私たちも同じ悩みに直面している。

身の回りの様々な情報が「0」と「1」の組み合わせのデジタルデータとなり、今やビジネスや日常生活に欠かせなくなっている。つまり、デジタライゼーションをきっかけにして、個人や企業などのデータが社会や経済の在り方に大きな変革をもたらそうとしている。「データの世紀」が始まっているのである。

インターネット×ベルリンの壁崩壊

現在のインターネットの「ワールド・ワイド・ウェブ（WWW）」につながる技術が誕生したのは、30年前の1989年だった。

ちょうどベルリンの壁が崩壊した年でもある。

ネットの爆発的な普及を促すテクノロジーの発達、世界中のヒト・モノ・カネの動きを連動させるグローバリゼーションの広がり。この2つが共振し、地球は一気に小さくなっていく。

21世紀に入り、スマートフォンが人々にとって自分の分身のような存在になると、企業ばかりか、個人のデータが絶え間なくネットを介して世界を駆け巡るようになった。

私たちの社会は多種多様なデータがあふれている。人工知能（ＡＩ）で膨大なデータ資源を解析すれば、ビジネスなどに役立つデータができあがる。こうしている間にも、利益を生むデータが世界中で大量生産されているのである。

データが使われているのは、モノやサービスを効率よく効果的に売るデジタルマーケティングだけではない。就職や転職、結婚などに関するマッチングサービスは手軽に便利になった。そして、自動運転や先端医療の将来もデータの量と質が左右する。

すべてのモノがネットにつながるＩｏＴ時代の製造業は、データ活用とデジタル技術による経営改革で競争力を高めるデジタルトランスフォーメーション（ＤＸ）に走り出している。企業の競争力の評価軸を考えてみると、どれだけのデータを持ち、収益に結びつけているかが重要なポイントにもなっている。

個人や企業のデータを使って新しいビジネスと富を創出する、いわば「データエコノミー」が生まれたのである。それは、私たちが生きる現代の社会で、20世紀のモータリゼーションに匹敵するか、それ以上の変革の大波を起こしているように見える。

データエコノミーの成長スピードはすさまじい。アメリカの「ＧＡＦＡ（アルファベット傘下のグーグル、アップル、フェイスブック、アマゾン・ドット・コム）」、中国の「ＢＡＴ（百度＝バイドゥ、アリババ集団、騰訊控股＝テンセント）」は、あっという間に自動車ビジネスを上回る存在感を示すようになった。

集められているデータは、ウェブサイトの閲覧履歴やSNS（交流サイト）上のやり取りに限らない。個人のデータでいえば、スマホの利用状況で把握した位置情報から一人ひとりの顔かたち、声の特徴まで、なんでも収集の対象である。

これらのデータの分析は、スパイ映画が描く諜報機関の専売特許ではない。GAFAのようなIT（情報技術）企業は当然として、前述の製造業のほか、金融業、コンビニエンスストア、旅行代理店、レストランチェーンといった身近な流通・サービス業の多くが次の成長に生かそうとしている。

半面、その傍らで心配の種が膨らんでいる事実もある。

私たちには、最新のデータ技術で便利な生活を享受したり、生産性を高めたりするメリットと引き換えに大切な個人情報をGAFAなどに委ねている側面がある。知らず知らずのうちにプライバシーなどの権利が侵される恐れを抱えているのである。

「便利だから」で済む話か

それだけではない。わずかな個人データの断片から特定の人物の行動パターンや趣味嗜好、内面まで探る「プロファイリング」、個人の信用力を点数化する「スコアリング」に対する懸念が指摘されている。ビジネスに有用であったとしても、データの使い方次第で新しい格差社会をつくってしまうのではないか、と憂慮する見方は消えていない。

最新のデジタル技術やプロファイリングなどを使って一国の世論すら操ろうとする世界の現実への危惧もある。データエコノミーがもたらす経済成長と便利な社会への期待は依然として大きいものの、実に様々な不安がじわじわと広がっているのである。

その結果、データエコノミーの出現を「便利だから」と漫然と受け入れることはできなくなった。私たちの未来のために考えるべきことが次々と出てきている。

押し寄せる変革の大波に対し、私たちはどう対峙していくべきか。

デジタル技術の進歩の先に、どんな社会を目指すべきなのか。

データエコノミーは豊かな未来を本当に約束しているのか。

こうした疑問に真正面から向き合い、ニュースの最前線を追う時間が新設の取材チームに与えられた。それが日本経済新聞のデータエコノミー取材班である。

取材班は2018年の初夏、東京本社編集局の編集者や記者を中心に結成された。専従メンバーは企業報道部次長の阿部哲也、法務報道部次長の植松正史、企業報道部記者の兼松雄一郎、証券部記者の栗原健太、経済部記者の平本信敬、社会部記者の伴正春、企業報道部記者の寺井浩介の合計7人である。

取材班が動き出すにつれ、強く意識するようになってきたのが、データエコノミーを報じる目的や意義である。

デジタル技術の発達とデータエコノミーの進展が生じさせる経済や社会の変化をつぶさに検証する。分かったことは私たちの歴史に残していく。

そんな積み重ねこそ報道人の責任を果たす第一歩になる、という確信はある。しかし、記録するだけで十分なのだろうか。もっと踏み込んで伝えられないのだろうか。

こうした問題意識を共有していたのは、専従メンバーだけではない。

海外支局を含めて、多くの記者や編集者、そしてエンジニアたちが取材班に加わり、取材やコンテンツの編集・制作に奔走した。とりわけ、国際部次長の川合智之、総合編集グループ次長の西岡貴司、シリコンバレー支局長の中西豊紀、メディア戦略部記者の黄田和宏、総合編集センター記者の八木悠介、日経イノベーション・ラボ上級研究員の中島寛人は専従メンバーに勝るとも劣らない情熱を傾けてくれた。

彼らの尽力がなければ、データ解析やデジタル表現の技術を使う「データジャーナリズム」の実践、本物と見分けがつかないような偽動画の「ディープフェイク」の制作などに挑むことはできなかった。日経ＢＰの「日経クロステック」「日経クロストレンド」「日経ＦｉｎＴｅｃｈ」の各編集部と協力してまとめた記事もある。

私自身は取材班の立ち上げや運営、編集方針づくりなどに携わってきた。改めて取材班の発足後を振り返ってみると、決して忘れられない人たちがいる。

取材班メンバーの知的好奇心に刺激を与えてくれた国内外の専門家や学識経験者、企業人、政策担当者の方々である。豊富な専門知識だけではなく、データエコノミーに強い関心と興味を持ち、多くのヒントを与えていただいた。ニュース取材も連載記事の立案も彼らの協力なしには進められなかっただろう。

紙幅の都合もあり、すべて書き記せないが、取材班を支えてくれた人たちは数えきれない。ご協力いただいた方々に深く感謝の意を表したい。

なお、取材班メンバーの役職などは2019年7月時点のものである。

シンギュラリティ

取材班による「連載企画『データの世紀』とネット社会に関する一連の調査報道」は、令和元年という節目の年に新聞協会賞（編集部門）を受賞した。これまでの報道によって一定の成果が得られたのかもしれないが、データエコノミーの実像にどれだけ近づけたのかと考えると、心もとない。

データエコノミーの将来がどこに向かっていくのかは見通しづらいままである。

それどころか、もう少し先まで考えてみると、私たち一人ひとりの人生がAIの判断とデータに支配される時代の到来を予想させるニュースも出てきている。取材班が報じた「リクナビ問題」は、近未来の予兆ともいえる。

いつの日か、ＡＩが人類の知能を超えるシンギュラリティ（技術的特異点）が訪れると予測されて久しい。そのタイミングが２０４５年かどうかは別として、ＡＩの進化はとどまるところを知らない現実がある。私たちは過去の人類以上にテクノロジーとの調和を考えなければならなくなっている。

もし、テクノロジーの発達が引き起こす問題を知らないまま、あるいは目を背けたまま、恩恵をむさぼるだけなら、後で大きなしっぺ返しを受けてしまう。例えば、現代を襲う異常な熱波、巨大な台風を考えてみればいい。

18世紀に始まる産業革命と同時に人類はエネルギー多消費時代に入った。そして今、地球温暖化という形で、エネルギー資源をむやみやたらに使ってきた代償を私たちは支払っている。

しかし、新しいテクノロジーの力に怯えていては、飛躍のチャンスを逃してしまう。

そんな残念な結末を味わったのが、19世紀のイギリスである。蒸気機関を動力とする蒸気自動車の時代に自動車ビジネスの主導権を握りかけたが、結局、ドイツやアメリカに自動車大国の座をさらわれた。

後のガソリン車の台頭だけが理由ではない。イギリスの失態の一因は、いわゆる「赤旗法」とされる。

未来のためのリアリズム

赤旗法は、当時の先端技術である蒸気エンジンの乗り合いバスの普及を警戒する馬車運送業者や鉄道会社の圧力などを背景に1865年に定められた。『だんぜんおもしろいクルマの歴史』（堺憲一、NTT出版、2013年）によると、最高速度は「人間が歩くよりも遅いスピードに制限された」という。市外では時速4マイル（約6・4キロメートル）、市内では2マイル（約3・2キロメートル）に抑えられた。

さらに、である。

「昼は赤旗、夜は赤い手さげランプを持った人間」が車を先導することも決められた。大きな車体の蒸気自動車の接近を通行人に知らせるためだったそうだが、安全に配慮する目的であったとしても、あまりにバランスを欠いたルールである。これでは、せっかくの先進技術も育ちようがなかっただろう。

産業革命の母国であるイギリスはこのとき、テクノロジーによる変革を前に立ちすくんだ。結果として、将来の成長の芽を自ら摘みとってしまったのである。

データの世紀に生きる私たちは、どんな意志をもって未来へと歩んでいくのだろうか。

世界の国々は、国家を超える影響力を持ちかねないGAFAの規制に動き出した。データエコノミーにとっても、強い逆風になるかもしれない。それでも、21世紀の「宝の山」であるデータを次の成長に結びつけようと、企業の競争、国家の攻防は以前にも増して激しくなっている。そして、今このときもテクノロジーの進化は続いている。

これらのすべてが私たちの明日につながっている。

私見ではあるが、現実を直視するリアリズムこそ、テクノロジーを鍛え、正しく進歩させる。報道人として大事な使命は、決しておもねらず、偏らず、良い点も悪い点も冷静に報じ、論じていくことにある。それこそ取材班が大切にしてきた姿勢でもある。

古い常識や慣習を絶対視するあまり、新しいテクノロジーを生み出す進歩主義を殺してはならない。テクノロジーの発達を否定すれば、文明の進歩が止まる。

また、甘やかすこともあってはならない。テクノロジーを制御していけるのは、私たち人類だけである。

いまだデータエコノミーが不完全であり、その成長が現在進行形であることは誰しも認めるところだろう。未来のための検証はまだ終えられない。

2019年11月

日本経済新聞社東京本社　編集局次長
武類　雅典

データの世紀

二〇一九年一一月一四日　一版一刷

編者　日本経済新聞データエコノミー取材班

発行者　金子　豊

発行所　日本経済新聞出版社
東京都千代田区大手町一－三－七
〒一〇〇－八〇六六
電話（〇三）三二七〇－〇二五一（代）
https://www.nikkeibook.com/

デザイン／池田進吾（next door design）
本文ＤＴＰ／ＣＡＰＳ
印刷・製本／中央精版印刷
ISBN978-4-532-35841-9